Heráldica historiada de
TORRELAGUNA

tierra de
madrid

9

guías

Marcos Tenconi Vigueret

Heráldica historiada de Torrelaguna

Una historia en imágenes

Guadalajara, 2026

Producción, maquetación, y edición electrónica:
AACHE Ediciones
C/ Malvarrosa, 2 - Telef. 949 220 438
19005 - Guadalajara
E-Mail: editorial@aache.com
Internet: www.aache.com

Impresión:
Podiprint
C/ Cuevas de Viera, 2
29200 - Antequera (Málaga)

Impreso en España - Printed in Spain - Imprimé à la C.E.

ISBN: 978-84-19813-89-3
Depósito Legal: GU-199/2025

ÍNDICE

ACLARACIÓN PRELIMINAR

El presente trabajo NO constituye un tratado de heráldica medieval. No podría serlo en modo alguno, entre otras razones porque quien lo escribió no es un especialista en la materia, ni mucho menos.

Tampoco pretende ser un manual de heráldica torrelagunense (ni de ningún otro lugar) sino, a lo sumo, una breve guía que procura ayudar a los profanos de la Heráldica a disfrutar de un recorrido visual e interpretativo por los escudos de armas que aún conserva la *Antigua y Noble Villa de Torrelaguna*.

Se ha buscado, asimismo, que el acervo heráldico del pueblo sirva de introducción y motivo para adentrarse en su rico patrimonio histórico y artístico, al intentar descubrir los personajes y circunstancias que se esconden tras sus bellos escudos de armas. Es decir, que la Heráldica se convierta en buena excusa, y mejor guía, para aproximarnos a la Historia de Torrelaguna, apreciar su pintoresca arquitectura y conocer a algunos de sus hijos más ilustres.

No se ha pretendido ser exhaustivo en la presentación de los escudos heráldicos que atesora la villa; por ejemplo, apenas se ha hecho alguna mención puntual de los blasones que se despliegan en las ciento cuatro lápidas que tapizan el pavimento de la iglesia parroquial, Santa María Magdalena. Y es que su estudio justificaría un trabajo específico, plenamente dedicado a ese valioso acervo que ya ha sido objeto, por otra parte, de trabajos monográficos especializados.

Del mismo modo, han quedado muchos otros blasones por comentar, y tantos más a los que identificar sus orígenes y propietarios. Hemos seleccionado los que nos han parecido más interesantes, ya sea por razones estéticas o de relevancia histórica, buscando además que sean accesibles y fácilmente observables para cualquier visitante que deambule, curioso, por las calles de Torrelaguna. Hemos indicado su actual ubicación en un plano de la villa, con la intención de que sirva como guía para un "paseo heráldico" por su antiguo casco urbano.

Las fotografías de los escudos que acompañan al texto han sido realizadas y procesadas por el autor, específicamente para este trabajo. No así la información contenida en los textos, que ha sido recogida de fuentes variadas, muchas de las cuales son citadas al final de la obra; el resto, ha sido cosechado, interpretado y reelaborado (sin pretensiones de exactitud erudita, mas apenas de verosimilitud) de la inabarcable Internet.

1
PARA "LEER" UN ESCUDO DE ARMAS

Ya sea entendida como arte, ciencia, oficio o simple afición, lo cierto es que la Heráldica, también llamada *Arte del Blasón*, constituye una disciplina compleja, muy emparentada con la Historia, la Genealogía, la Semiótica, la Simbología…

Como tal, ha desarrollado una terminología propia y sumamente especializada (que no abordaremos aquí detalladamente), a fin de asistirla en su objetivo básico, que es entender cómo se componen e interpretan correctamente los escudos de armas, también llamados *piedras armeras*.

Y aunque ese objetivo no siempre puede alcanzarse (máxime cuando tratamos con escudos medievales, donde los siglos que nos separan de sus artífices multiplican los misterios e interrogantes que se nos plantean al estudiarlos), es necesario conocer algunos conceptos básicos de la Heráldica para, al menos, plantearnos correctamente la pregunta de qué representan sus símbolos o *blasones*, cuál fue la intención de quienes lo compusieron, y, en definitiva, cómo se puede intentar "leer" (siquiera parcialmente) un escudo de armas.

Debemos saber que los heraldistas utilizan términos especiales para designar los colores, las formas y las posiciones de los distintos símbolos que componen un escudo. En las páginas que siguen explicaremos unos cuantos, ilustrándolos siempre con ejemplos tomados del acervo heráldico torrelagunense. Hemos destacado en *itálica* las palabras y expresiones poco comunes que se utilizan en el texto, reuniéndolas en un Glosario final que facilita su consulta.

Asimismo, la propia estructura de un escudo de armas se describe apelando a términos y convenciones básicas que es conveniente conocer; veremos algunos de ellos un poco más adelante, pero antes es necesario aclarar unos pocos conceptos imprescindibles para orientarnos en el fascinante mundo de la Heráldica.

i. Apellidos, linajes y escudos de armas

A menudo se intenta asociar un apellido con su presunto escudo de armas, mas esto generalmente es un error. Son los linajes, pero no los apellidos, los que en algunos casos pueden poseer un escudo de armas.

Para disipar toda confusión en torno a este punto, basta constatar que en muchas ocasiones podemos rastrear decenas, o incluso cientos, de escudos diferentes pertenecientes a personajes que comparten un mismo apellido. Luego, es evidente que no tiene sentido preguntarse qué escudo se atribuye a tal o cual apellido. Tenemos, por ejemplo, más de cien escudos de armas cuyos propietarios llevan el apellido García (a menudo con diseños completamente diferentes entre sí)… y sobre cuatrocientos, si consideramos este apellido en combinación con otro.

En realidad, el escudo heráldico nobiliario no identifica necesariamente los apellidos de su propietario, sino los *linajes* a los que él asegura pertenecer y desea destacar de entre todos sus ascendientes.

La RAE define linaje como *"ascendencia o descendencia de una familia, especialmente noble".* Sin embargo, en Heráldica el linaje no refiere a la totalidad de los antepasados, sino específicamente a aquéllos que permiten al titular del escudo vincularse por sangre con el fundador (muchas veces mítico o semilegendario) de su familia. Un ejemplo clásico, muy temprano y conocido, lo encontramos en la figura del general romano Julio César, quien hacía remontar su linaje nada menos que hasta la diosa Venus. En España, los Mendoza decían descender del Cid Campeador, vinculando sus primitivos blasones heráldicos a las gloriosas gestas del de Vivar.

En cualquier caso, el linaje constituye una relación filial ambilineal, es decir, puede apelar tanto a la ascendencia materna como paterna para retrotraerse hasta sus más remotos orígenes, sean estos reales o asumidos, pero siempre priorizando la fama, nobleza, gloria o relevancia histórica de los antepasados, que jalonan esa cadena de méritos y dan lustre a la familia.

Al momento de elaborar nuestro escudo de armas seleccionaremos, entonces, los *blasones* que la tradición identifica con los linajes materno y/o paterno que se entrelazan en nuestra persona, *blasones* que conforman de algún modo nuestro "ADN heráldico", y que dispondremos sobre la *piedra armera* siguiendo criterios estéticos, de composición y de jerarquía bien establecidos en la *Ciencia del Blasón*.

Para entender cómo un cierto personaje perteneciente al estamento noble (en cualquiera de sus jerarquías, desde hidalgo hasta emperador) puede representar en su escudo de armas los linajes más destacados que se entrecruzan en su propia persona, aquellos antepasados de los que se siente más orgulloso, tomaremos un ejemplo muy claro en nuestra Villa de Torrelaguna.

Se trata del escudo de armas de doña Tomé Bernaldo de Quirós, que analizamos en el apartado #2 del Capítulo 4. En el escudo de doña Tomé se combinan los *blasones* o símbolos heráldicos de su linaje paterno (los Bernaldo de Quirós, en una de las mitades del escudo) y materno (los Vélez de Guevara) en la otra mitad.

Este escudo *combinado*, compuesto por varios *blasones* o *piezas* heráldicas bien definidas y conocidas, informa claramente de los linajes nobles (materno y paterno) a los que pertenece doña Tomé, y de los que se siente evidentemente muy orgullosa.

Cuando en el futuro, eventualmente, sus descendientes se vinculen (mediante matrimonio, por ejemplo) con otros linajes nobles y tengan derecho a crear sus propios escudos de armas, estos serán algo diferentes y tal vez más complejos que el de doña Tomé, si decidieran reflejar tanto los linajes heredados directamente de su antepasada (Bernaldo de Quirós, Vélez de Guevara), como los de sus familiares más recientes.

En Torrelaguna podemos observar diversos escudos con el *blasón* de los Bernaldo de Quirós (dos llaves en posición vertical, con sus ojos entrelazados, rodeadas de *luneles* y *flores de lis*), combinado con otros *blasones*. Todos esos escudos difieren entre sí, aunque comparten ese emblema característico, lo cual nos dice que sus respectivos propietarios se consideraban, todos ellos, descendientes del fundador del linaje.

También encontraremos el más primitivo de todos estos escudos, que asimismo es (lógicamente) el más sencillo y elemental, pues solo contiene un *blasón* o figura heráldica: las llaves de los Bernaldo de Quirós, ornadas con *luneles* y *flores de lis* (#6).

Estos escudos primigenios remiten, con frecuencia, a la fundación del linaje noble por parte de un supuesto ancestro, situado a medio camino entre la historia y la leyenda.

En el caso específico de los Bernaldo de Quirós ello corresponde, tal vez, al otorgamiento por parte de Alfonso XI de Castilla y

León (1311 - 1350) de ciertos derechos de portazgo (un impuesto aplicado al tránsito de mercaderías y personas), en Asturias, a un lejano ancestro de doña Tomé.

Podemos concluir entonces que, ante una serie de escudos diferentes entre sí, pero que comparten uno o más *blasones* o figuras heráldicas específicas (las llaves entrelazadas de los Bernaldo de Quirós, en nuestro ejemplo), tales escudos probablemente pertenezcan a linajes vinculados entre sí (mediante matrimonios, adopciones, mecenazgos, u otro tipo de alianzas familiares, sociales o clientelares), siendo el más antiguo aquél cuyo diseño resulte más simple o elemental, tal vez reducido simplemente al *blasón* compartido por todos los demás. Esta regla tiene validez general, pero no absoluta, pues en Heráldica lo usual es que siempre existan excepciones a toda regla.

ii. Divisiones de un escudo

Existen escudos que no están divididos, pero cuando sí lo están podemos encontrar una, dos o más líneas verticales, horizontales y/o diagonales que separan los distintos sectores del escudo. Esto se expresa diciendo que el escudo es *partido*, *cortado* y/o *tronchado*, respectivamente.

Obviamente, existen muchas formas de dividir la superficie o *campo* de un escudo, pero una de las más comunes es el *cuartelado* (o *cuarteado*) en cruz, es decir, la división mediante una línea vertical y otra horizontal en cuatro sectores, llamados en tal caso *cuarteles*. La numeración de estos *cuarteles* (1-2-3-4) se realiza de izquierda a derecha del observador, comenzando por la fila superior.

Además, los sectores principales del escudo pueden estar, a su vez (todos o algunos de ellos) *partidos* verticalmente, *cortados* horizontalmente y/o *tronchados* en diagonal, multiplicando así la cantidad de *blasones* representados en su *campo (armas compuestas)* y aumentando la complejidad del escudo.

Encontramos un buen ejemplo de todo esto en un escudo que porta las armas de don Felipe Bravo de Aguayo (#7) Se trata, precisamente, de un escudo *cuartelado* y con subdivisiones en dos de sus *cuarteles*:

Cuartel 1, con un león *rampante*". Cuartel 2, *cortado* horizontalmente, con la letra *Tau* (muy similar a una *cruz patada* templaria e incompleta) y dos calderas en el superior, y un castillo en el inferior. Cuartel 3, *partido* verticalmente, con dos árboles (tal vez castaños) en el primero, y nueve calderas en el segundo. Cuartel 4, con cinco *panelas* puestas *en aspa* o *sotuer*.

En las páginas que siguen explicaremos el significado de algunos de estos símbolos; sin embargo, debe tenerse en cuenta que la terminología heráldica es vastísima y muy especializada, por lo que aquí nos limitaremos, simplemente, a ilustrar mediante ejemplos tomados del acervo torrelagunense algunas de sus voces y expresiones más comunes.

Lo más frecuente es que los escudos nobiliarios incluyan varias *particiones* (*cuartelados*, *partidos*, *tronchados* o *tajados*) donde aparecen los *blasones* que representan a los diversos linajes que se han ido vinculando entre sí a lo largo del tiempo, tal como explicamos en el apartado anterior.

iii. Derecha e izquierda de un escudo

Cuando observamos o describimos un escudo, es importante recordar que la derecha del escudo es la izquierda del observador, y viceversa.

Por ejemplo, si decimos que una figura del escudo "mira hacia la derecha", significa siempre la derecha del escudo: es decir, que la figura está "mirando" hacia la izquierda del observador.

Del mismo modo, la parte *diestra* del escudo es la *siniestra* del observador, y viceversa. Conviene recordar esta convención cuando nos encontremos con escudos *timbrados* en su parte superior con *yelmos* o cascos (también llamados *celadas*), que pueden estar de perfil "mirando" hacia un lado u otro (bien *adiestrados*, bien *siniestrados*), ladeados (*terciados*) hacia uno u otro lado, o incluso de frente.

Todas estas variantes conllevan significados y sutiles referencias al grado de nobleza, títulos y prerrogativas del titular del escudo. En términos generales, la mitad derecha o *diestra* (es decir, la situada a la izquierda del observador) se considera la más noble del escudo de armas, informándonos así sobre la importancia y jerarquía relativa de las diversas armas o *cargas* que se disponen a uno u otro lado de su eje medio.

Recurriremos nuevamente al hermoso escudo de armas de doña Tomé (#2), hija de Juan Bernaldo de Quirós y María Vélez de Guevara, para ilustrar estos conceptos.

Tenemos aquí un escudo *partido* verticalmente, que además tiene su segunda mitad *cortada* horizontalmente. A su vez el segundo *partido* ha sido *cuartelado*, es decir, subdividido en cuatro partes.

La mitad derecha o *diestra* del escudo (izquierda del espectador) es la más noble, y en ella aparece el *blasón* paterno, las llaves heráldicas de los Bernaldo de Quirós.

En la otra mitad (*siniestra* o izquierda del escudo, que es la derecha del espectador) se representan, duplicadas y alternadas, las armas de los Vélez de Guevara, linaje materno de doña Tomé: cinco *panelas* puestas *en aspa* y tres *bandas* de *armiños*.

El escudo ha sido *timbrado* con un *yelmo* o *celada, adiestrada* (es decir, que mira hacia la derecha del escudo), ornamentada con una *cimera* en forma de cabeza de león, plumas y profusos *lambrequines* o tallos vegetales. Exhibe, además, una leyenda o *lema* grabado en su periferia, sobre el que volveremos más adelante.

Se afirma, a veces, que los *yelmos siniestrados* denotan bastardía del titular, mientras que, si miran hacia la derecha, es porque sus dueños son vástagos legítimos. Posiblemente esto sea correcto en muchos casos, pero en absoluto puede considerarse como una regla firme; existen ejemplos que lo desmienten, entre ellos el muy notable de los escudos con las armas de los linajes Mendoza y Luna que decoran las enjutas inferiores del renacentista "patio de los leones" en el Palacio del Infantado de Guadalajara.

Son en total veinte escudos, pero con solo dos diseños, que se repiten: diez de ellos llevan los emblemas de Íñigo López de Mendoza (1438 - 1500, nieto del ilustre marqués de Santillana), II duque del Infantado y constructor del palacio; los otros diez escudos pertenecen a su esposa, María de Luna y Pimentel (1432 - 1505, hija del condestable don Álvaro de Luna)

Todos esos escudos están *timbrados* con *yelmos* idénticos, salvo por el hecho de que algunos miran hacia la derecha, y otros hacia la izquierda, seguramente por razones estéticas y de equilibrio compositivo, simetría, etc. Constituye, pues, un clarísimo contraejemplo de la "regla de bastardía" antes mencionada; y es que, en Heráldica, son frecuentes las excepciones a cualquier regla.

iv. Ornamentos periféricos

La periferia de los escudos de armas suele estar ornamentada con una variedad de elementos tales como *yelmos*, coronas, *cimeras* (adornos dispuestos sobre los *yelmos*), sombreros o *capelos*, cordones, cintas, cortinas, plumas y ramos vegetales (llamados *lambrequines*), entre otros.

El conjunto de ornamentos que se disponen por encima del escudo conforma la insignia que distingue a su propietario (en general, su estatus nobiliario o eclesiástico), y se denomina *timbre*.

Podremos ver muchos de estos ornamentos al recorrer los diversos escudos de armas conservados en Torrelaguna. Por ejemplo, los cordones franciscanos, con tres o cinco nudos, adornan con cierta frecuencia los escudos de nuestra villa, como el ya comentado de doña Tomé Bernaldo de Quirós (#2)

v. Símbolos parlantes

La Heráldica emplea esta expresión para referirse a las figuras cuya denominación alude al apellido del propietario del escudo, o al topónimo de la localidad o región representada por el *blasón*.

En Torrelaguna tenemos un ejemplo evidente de esta simbología *parlante* en el propio escudo de armas de la villa (#9), donde observamos una torre medieval que se alza sobre ondas acuáticas representando, en este caso, a la legendaria laguna o marjal que habría existido en sus inmediaciones.

Otro ejemplo destacable lo encontramos en la fachada del Ayuntamiento, donde el escudo de armas del cardenal Francisco Jiménez de Cisneros (#3) se nos muestra flanqueado por sendos cisnes, que remiten obviamente a su apellido.

Finalmente, y tal como explicaremos más abajo, es posible que estemos frente a unas *armas parlantes* en uno de los escudos más antiguo e interesante de Torrelaguna, el de los Bernaldo de Quirós (#6) Las características llaves heráldicas que lo adornan podrían aludir al propio apellido del linaje, desde el mítico y anglosajón "Key", pasando por la forma intermedia, medieval y gala, "Quiex".

2

ESCUDOS, BLASONES Y ORNAMENTOS HERÁLDICOS

Los escudos de armas más antiguos que conserva Torrelaguna se remontan a los siglos XV, XVI y XVII, que fueron los de mayor pujanza y esplendor en la villa. Los linajes e instituciones que los detentaban ya estaban, por entonces, plenamente establecidos, lo cual sugiere que en muchos casos el origen de sus *blasones* se remontaría algunas generaciones atrás; en todo caso, podemos concluir que la mayoría de estos escudos pertenecen, cronológica y estilísticamente, a la Baja Edad Media (los más antiguos) y, sobre todo, al pleno Renacimiento y Barroco.

Para apreciar estos singulares elementos escultóricos, más allá del simple disfrute estético que conlleva su observación, es conveniente conocer e identificar los *blasones* más utilizados, esto es, las figuras o símbolos que con más frecuencia aparecen representados en ellos. Luego, se podrá intentar dar un paso más en el proceso de interpretación de los diversos escudos. Dicho de otra forma, descifrar el mensaje que se oculta, codificado, en cada uno de ellos; y desde ya adelantamos que no siempre será sencillo, o siquiera posible...

En las varias decenas de escudos de armas que conserva actualmente Torrelaguna (seguramente una fracción pequeña del total que llegó a existir en nuestra linajuda villa) solemos encontrar los siguientes elementos simbólicos y ornamentos, ya sea dispuestos en forma aislada o, más frecuentemente, combinados entre sí:

i. Escaques

Son casillas cuadradas e iguales, dispuestos alternadamente en color y/o en relieve, a modo de ajedrezado. Un ejemplo muy conocido lo tenemos en el escudo *escaqueado* del cardenal Francisco Jiménez de Cisneros (nacido como Gonzalo, en Torrelaguna, el año 1436), que encontraremos muchas veces en los recorridos por nuestra villa (#3)

Se trata de un escudo episcopal *cimado* de *cruz latina* y *timbrado* con el *capelo* (sombrero) cardenalicio y sendos cordones con borlas ornando sus laterales.

En las representaciones policromadas, el capelo y los ornamentos periféricos se representan en color rojo *(gules)*, al igual que los seis *escaques* resaltados, ya que este color identifica a la dignidad cardenalicia en la heráldica eclesiástica.

El resto del escudo, incluyendo el fondo del *escaqueado* y la cruz que lo remata son amarillos o dorados *(de oro)* Siendo Cisneros el hijo más afamado de Torrelaguna, veremos frecuentemente su *blasón escaqueado* en diversos ámbitos y lugares de la villa.

ii. Armiños y veros

Se conocen como *armiños* a unos diseños moteados, que recuerdan de algún modo la apariencia de una piel de armiño. Suelen representarse con un patrón repetitivo de marcas simples (por ejemplo, rectangulares) o bien más elaboradas *(colitas, colillas)* que forman el moteado.

De estos diseños básicos han evolucionado algunas variantes en las que las motas son sustituidas por un motivo figurativo (por ejemplo, un ave o un reptil, una fruta, ramitas de laurel, espigas, etc.)

Algunos escudos torrelagunenses incluyen franjas diagonales o *bandas de armiños*. En ocasiones adornan el perímetro o *bordura* del escudo.

Los *veros* también representan el diseño de una piel fina con la que pueden confeccionarse telas, forros y prendas nobles, en este caso de marta cebellina o ardilla rusa. Se componen de una sucesión horizontal alternada de *campanas* y *botes* (campanas invertidas), que pueden recordar un ondulado muy marcado.

En general, los *armiños* y los *veros* aluden a la dignidad del linaje o del titular del escudo, aunque en ciertos contextos pueden ser símbolo de pureza o castidad.

Mostramos aquí dos ejemplos de *armiños* y un diseño con *veros* (llamado *verado*) que podemos encontrar en otros tantos escudos torrelagunenses. Estos *armiños* constituyen, en realidad, dos representaciones del mismo blasón, como veremos en seguida.

En el primero, perteneciente al escudo de doña Tomé Bernaldo de Quirós (#2) observamos tres *bandas* diagonales de *armiños*, características de los Guevara, en el que las motas del *armiño* se han convertido en pequeñas lagartijas.

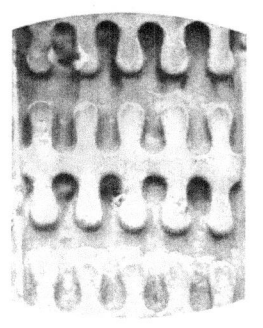

En cambio, el escudo del quien fuera Inquisidor de los Reinos de Córdoba, Murcia y Jaén, el Dr. Gregorio Vélez de Guevara (#5), que blasona su sepulcro de alabastro en la Capilla de San Gregorio o "de los Vélez" en la iglesia de Santa María Magdalena, se muestran también tres *bandas*

diagonales de *armiños*, con un diseño muy elaborado y diferente del anterior, pero siempre aludiendo al linaje alavés de los Guevara.

El origen mítico del *armiño* en las armas heráldicas se remonta hasta principios del Siglo VIII, cuando el primer antepasado invocado en su genealogía, Sancho Guillermo, hermano del duque de Bretaña, habría llegado a la península para combatir a los sarracenos. El *armiño* ornaba ya el escudo de Sancho Guillermo y fue heredado por su hijo García Sánchez de Guevara.

La leyenda cuenta que un sobrino del héroe troyano Eneas, llamado Bruto, al llegar en su periplo hasta las tierras de Bretaña, patria de Sancho Guillermo, halló un armiño sobre su escudo, adoptándolo desde entonces para sí como símbolo de lealtad y pureza. Es este un buen ejemplo del origen mítico que muchos nobles atribuían a sus linajes, tal como explicamos antes.

iii. Panelas

Estas figuras evocan una hoja con forma de corazón, semejantes a las del tilo, con el pecíolo apuntando hacia arriba.

Muy utilizadas en la heráldica hispana, especialmente por parte de linajes originarios de Navarra y de la Tierra de Álava, suelen representarse en grupos de tres, de cinco (a menudo puestas en *aspa* o *sotuer*, aludiendo posiblemente a las heridas o "llagas" de Cristo crucificado: pies, manos, costado); o de diez.

En Torrelaguna se conservan algunos escudos con *panelas* pertenecientes a linajes que emparentan con los Guevara (que usan cinco *panelas* puestas en *sotuer*: #2, #7); con los Liñán y con los Gamarra (sus escudos cargan diez *panelas*, puestas en tres *palos* de 3, 4 y 3: #4; #13) Diez *panelas* utilizó, asimismo, una rama de los Mendoza en algunos de sus escudos más primitivos.

Incluso podemos encontrar estos dos grupos de *panelas* (de cinco y de diez) representados en un mismo escudo, como el de Juan de Salinas, #10.

El uso de *panelas*, tanto en el blasón de los Guevara como en de los Mendoza, ambos linajes alaveses, se asocia legendariamente con la batalla de la sierra de Arrato, ocurrida hacia el año 1200 entre los bandos oñacino y gamboíno, liderados respectivamente por Lope González de Mendoza e Iñigo Vélez de Guevara. En el enfrentamiento vencieron los gamboínos y fue muerto el Mendoza.

Las *panelas* son representadas frecuentemente sobre un campo rojo, *de gules,* simbolizando en este caso hojas de álamo que, aventadas por el fragor de la lucha, flotaron sobre las aguas del río Zadorra, que corrían tintas de sangre.

iv. Llaves

Cuando aparecen representadas en los escudos, suelen facilitar la identificación del linaje o de la institución representada. Un ejemplo universal y muy conocido es el de la pareja de llaves del paraíso que, cruzadas entre sí y acompañadas de la tiara papal, fueron utilizadas como insignia del pontífice romano.

En Torrelaguna se observan numerosos escudos que llevan una pareja de llaves verticales, con sus paletones apuntando hacia arriba y los ojos entrelazados; corresponden al linaje de los Bernaldo de Quirós (#6), influyente familia de origen asturiano afincada en nuestra villa al menos desde el Siglo XV.

v. Calderas

Este símbolo, generalmente representado en grupos de dos o más unidades, aparece con bastante frecuencia en la heráldica hispana.

Asociado desde antiguo al concepto de abundancia y riqueza, fue a menudo incorporado en los *blasones* de ricoshombres castellanos, capaces de mantener ejércitos propios a base de dicha riqueza.

Ya a comienzos del Siglo XIII se representan dos calderas puestas *en palo* en la heráldica de Álvar Núñez de Lara. Desde entonces, las calderas *campearon* en los escudos de los Lara y de otros poderosos linajes castellanos, como los Herrera, los Pacheco, los Manrique y los Guzmán.

En Torrelaguna veremos calderas entre los *blasones* del escudo de don Felipe Bravo de Aguayo (#7), y también en algunas lápidas conservadas en el pavimento de La Magdalena.

vi. Roeles, bezantes y tortillos

Son algunos de los símbolos más elementales que podemos encontrar en los escudos heráldicos.

El *roel* consiste, simplemente, en un círculo, aunque suele aparecer en grupos más o menos numerosos.

Se denomina genéricamente *roel*, pero si es dorado o amarillo (*de oro*), o bien blanco o gris muy claro (*de plata* o *argén*), se le llama específicamente *bezante*, nombre que tal vez derive de "besante", una antigua moneda bizantina.

Los *tortillos*, en cambio, son *roeles* de cualquier otro color. Cuando los encontramos en un escudo que no está coloreado (como ocurre frecuentemente en las *piedras armeras* antiguas, conservadas a la intemperie en el exterior de los edificios) los podemos llamar simplemente *roeles*.

Sobre el significado heráldico de esta figura, resulta interesante apuntar su etimología germana, relacionada con "hrod", término que puede traducirse como "fama" o "gloria". De esta guisa asoma en nombres propios germánicos como *Roelof* o *Rudolf*, significando algo así como "lobo famoso".

Sin embargo, en Heráldica suele asumirse que *roel* deviene del latín tardío "rotella", diminutivo de "rota", que es "rueda".

De todos modos, los numerosos linajes que han incorporado *roeles* en sus armas heráldicas defienden muy variadas razones para ello, desde la representación de discos, ruedas, soles o lunas llenas (a veces como símbolo *parlante* de alguno de sus apellidos), hasta motivos heroicos y legendarios; por ejemplo, la materialización de los golpes de maza o "mazazos" descargados sobre el escudo de algún antepasado glorioso durante un mítico combate fundacional.

vii. Luneles

El *lunel* semeja los bordes de una flor tetrapétala, formada por cuatro medias lunas unidas por los vértices. Se trata de un motivo típico, y de hecho casi exclusivo, de la heráldica ibérica.

Es uno de los pocos casos en que es posible documentar el origen de un símbolo heráldico específico (a saber, en el Siglo XIII) y por fusión, tras un enlace matrimonial, de las armas castellanas de los Castro con las portuguesas de los Sousa. Aparece representado en un sepulcro del monasterio cisterciense de Santa María de Palazuelos, en Valladolid.

En Torrelaguna encontramos seis *luneles* rodeando las ya comentadas llaves heráldicas de Bernaldo de Quirós, colocados tres en cada flanco (#6) y acompañados de tres *flores de lis*.

Teniendo en cuenta la antigüedad de estos símbolos, es posible que en su origen el escudo de armas de los Quirós sólo contuviera *luneles*, añadiéndose las llaves posteriormente, pero en todo caso antes del Siglo XIV, cuando aparece, ya completo, el más antiguo escudo conservado de este linaje en Asturias.

Algunos autores opinan que este símbolo se originó empalmando cuatro lunas crecientes, en cruz, por sus extremos, aludiendo tal vez a la ansiada fama que, como la luna en el cielo, "crece" poco a poco gracias a las gestas heroicas del linaje.

viii. Fauna heráldica

Los animales más utilizados en la heráldica hispana son los leones, las águilas, los lobos y los osos, representados en posturas y actitudes muy diversas.

Todos ellos podemos encontrarlos en un recorrido por el repertorio de escudos que conserva nuestra villa, descubriendo incluso algunos menos frecuentes; por ejemplo, lagartos, si buscamos y observamos con atención.

Los animales coronados pueden remitir a la realeza, o a algún grado de parentesco (en ocasiones muy remoto) con la casa real; en

España, el ejemplo más frecuente es el del león *rampante* y *coronado*, símbolo de la Corona de León. Sin embargo, no puede afirmarse a priori que la presencia de tal *blasón* en un escudo de armas remita necesariamente a la realeza; como siempre ocurre en la Heráldica, las excepciones a la regla son frecuentes. Además, la imagen del león, con corona o sin ella, remite a tantas virtudes que son caras a la nobleza (fortaleza, bravura, elegancia, etc.) que no debe extrañar su abundancia en los *blasones* heráldicos.

En Torrelaguna veremos numerosos leones, no sólo en el *campo* de algunos escudos sino también en su periferia, ya sea sosteniéndolos por ambos flancos (como en el frontón de la Casa de los Vargas, #13) o incluso asomando su fiera melena por debajo del escudo de don Felipe Bravo de Aguayo (#7), que ornamenta la fachada sur de La Magdalena, en la plaza mayor del pueblo.

Encontraremos también parejas de lobos grabadas en losas sepulcrales y escudos de los Liñán (Cap. 4), lagartos *de sinople, bordurando* armas (#7, 10, 12), simpáticos aguiluchos *pasmados* en algún escudo más moderno, bucólicas avecillas y, por supuesto, cisnes (#xii), que no pueden faltar en la villa del cardenal Cisneros.

ix. Castillos, torres y murallas

Diversos elementos de la arquitectura militar medieval aparecen frecuentemente representados en los escudos de armas. Los castillos y torres fuertes simbolizan desde muy antiguo algunos ideales consustanciales al feudalismo, como la nobleza, la elevación, la fortaleza, el prestigio y la salvaguardia.

En la península ibérica el castillo heráldico de tres torres representó al reino de Castilla en sellos, pendones y escudos reales desde, por lo menos, el Siglo XII, constituyendo un típico ejemplo de emblema *parlante*.

El escudo de Torrelaguna (#9) también lo es, puesto que representa a la legendaria torre o atalaya altomedieval en torno a la cual, posiblemente, se nucleó la población original; torre que se eleva sobre las ondas de una supuesta laguna (tal vez formada por los meandros y marjales del arroyo Malacuera, hoy desaparecidos), tal como sería apreciada desde las alturas de Uceda, su villa madre, buscando explicar así el antiguo nombre de la villa, "Tordelaguna", documentado a partir del Siglo XIII, o "Torre del Rey", en el Siglo XII.

Además de su representación en nuestro escudo municipal, de la antigua torre nos ha llegado su probable (aunque borrosa) figura en un grabado anónimo de 1629; se alzaba junto a la iglesia de Santa María Magdalena, en el punto más elevado del antiguo casco histórico, aproximadamente donde hoy se encuentra la plaza del cardenal Cisneros.

Aparte de la ubicua torre, en algunos escudos torrelagunenses aparecen representados castillos y otros elementos defensivos medievales; por ejemplo, en una clave de bóveda de La Magdalena, vemos cinco torres que se alzan sobre, o detrás, de un puente de cinco ojos (el del centro, circular), que salva las onduladas aguas de un río. Probablemente simbolice al puente toledano de San Martín y

la fortificada ciudad imperial, sede episcopal de la que siempre dependió esta parroquia. De hecho, encontramos un lejano precedente de este motivo (bastante más antiguo que el de La Magdalena) en el escudo episcopal que utilizó el obispo Blas Fernández de Toledo, entre 1353 y 1362.

x. Botánica heráldica

El reino vegetal también se hace presente, desde muy antiguo, en la Heráldica. El ejemplo más conocido y abundante es el de la *flor de lis* (que alude, en realidad, a la del lirio), incorporada en los blasones de la familia real francesa desde el Siglo XI. Están presentes, en trío, en el *escusón* central del actual escudo español, porque tres doradas *flores de lis* sobre fondo *azur* son las armas de la rama española de los Borbones, descendientes de la casa de Anjou.

Los árboles constituyen otro motivo vegetal frecuente en España; encinas, madroños y cipreses, entre otras especies, son bastante utilizadas, sobre todo en las Castillas, donde el escudo de Madrid con su oso madroñero constituye el ejemplo más conocido.

En Torrelaguna tenemos unos cuantos motivos vegetales en los escudos de armas, entre ellos hojas de acanto (símbolo de pervivencia y eternidad), de higuera, de álamo (estilizadas como *panelas*); granadas, que tal vez recuerden la gesta de algún antepasado ilustre junto a los Reyes Católicos, durante la conquista de la capital nazarí en 1492; ramas de cardo o *cardinas* en varias losas sepulcrales de La Magdalena; *flores de lis*; *carrizos*, juncos, algunos árboles (posiblemente encinas, madroños, olivos o algún fresno), etc.

xi. Yelmos, plumas y lambrequines

Los *yelmos* o *celadas* se ubican en la parte superior o *timbre* de los escudos masculinos nobles, mirando hacia uno de los lados o, más raramente, hacia el frente.

Cuando miran hacia la izquierda del escudo (es decir, hacia la derecha del espectador) denotan bastardía de su titular; hidalguía, si lo hacen hacia la derecha. Los monarcas y miembros de la alta nobleza suelen llevarlos de frente; los caballeros e hidalgos, de perfil. Sin embargo, estas reglas no son demasiado estrictas y de hecho abundan las excepciones.

Las *celadas* suelen adornarse con profusión de plumas de avestruz o cintas, y en algunas ocasiones pueden estar coronadas, según corresponda a la dignidad de su titular: corona imperial, real, ducal, condal, etc. No obstante, en España lo más común es que la corona, cuando existe, sustituya a la propia *celada*.

Junto con la *celada* y su penacho de plumas, el *timbre* y los laterales del escudo noble suele ornarse con motivos vegetales llamados *lambrequines* en la jerga heráldica; casi siempre representan tallos y hojas de acanto (*Acanthus mollis*, planta cuyas connotaciones simbólicas remiten a la antigüedad clásica grecolatina), tallos que surgen por detrás de la *cimera* y se derraman profusamente por ambos lados del escudo.

En Torrelaguna podemos observar unos cuantos escudos *timbrados* con *celadas*, penachos y *lambrequines*, pero otros no los tienen; ello puede sugerir que sus propietarios no pertenecían al estamento noble de la caballería, aunque tampoco esta regla es absoluta.

xii. Capelos, borlas y cordones

En los escudos eclesiásticos, los *yelmos* y *lambrequines* del típico *timbre* caballeresco son sustituidos por *capelos* (sombreros) y cordones anudados con borlas.

Las meticulosas convenciones de la heráldica detallan exactamente los colores y cantidad de borlas que corresponden a cada grado eclesiástico: cardenal, patriarca, arzobispo, obispo, prelado, etc.

En Torrelaguna tenemos varios escudos *timbrados* con *capelos*, borlas y cordones. El más conocido es el del cardenal Francisco Jiménez de Cisneros (#3), que adorna la fachada del actual Ayuntamiento, antiguo pósito de granos fundado precisamente por este prelado, hijo celebérrimo de la villa, en el año 1514 o 1515.

A cada lado de su escudo *escaqueado* vemos quince borlas enlazadas en sendos cordones trenzados y distribuidas en cinco filas u "órdenes": 1 + 2 + 3 + 4 + 5 = 15

Esta cantidad y disposición de las borlas nos informan que estamos ante el escudo de un cardenal; si, además, estuviera pintado o coloreado (tal como podemos observarlo en una de las vidrieras interiores de La Magdalena), el capelo, los cordones y las borlas serían rojas o *de gules*, si utilizamos la terminología heráldica.

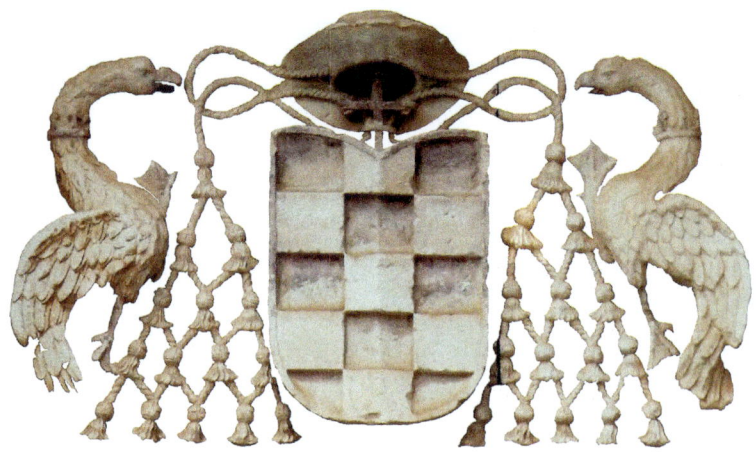

La cantidad de borlas disminuye conforme descendemos en la escala jerárquica de la Iglesia. Por ejemplo, los arzobispos adornan sus escudos con solo diez borlas a cada lado, distribuidas en cuatro órdenes: 1 + 2 + 3 + 4 = 10; y serán, normalmente, de color verde o *sinople*. Los obispos y abades utilizan seis borlas en tres órdenes a cada lado: 1 + 2 + 3 = 6; etc. Si buscamos con cuidado, encontraremos ejemplos de todos estos escudos en la iglesia parroquial de Santa María Magdalena.

Debe tenerse en cuenta, no obstante, que estas reglas no son absolutas; como ocurre a menudo en la Heráldica, se encuentran excepciones tanto más frecuentes cuanto más antiguos son los escudos; de hecho, el color y la cantidad de borlas en el capelo quedaron definitivamente establecidos recién a principios del Siglo XX…

La iglesia de La Magdalena, verdadera joya artística y religiosa que atesora Torrelaguna, también es interesantísima desde el punto de vista heráldico; en su interior se conservan numerosos escudos tallados, grabados o pintados en todo tipo de soporte: paredes, techos, vidrieras, retablos, losas sepulcrales…

Un buen ejemplo de cómo la Heráldica puede auxiliar a la Historia lo encontramos, precisamente, al estudiar la evolución constructiva de un edificio tan antiguo y complejo como nuestra iglesia parroquial.

En efecto, recorriendo lentamente sus naves, portadas y capillas, observando detenidamente por dentro y por fuera (mejor si con ayuda de unos binoculares) sus recios muros y esbeltas bóvedas, descubriremos numerosas *piedras armeras* que, a modo de sello o firma personal, nos han dejado los personajes que durante varios siglos promovieron la construcción del templo y de sus capillas anexas.

Sus historias personales se entrelazan con la de nuestra iglesia, sus hitos vitales son mojones que permiten fechar las distintas partes del templo, cuya construcción comenzó por la cabecera (como es lo usual) en los últimos años del siglo XIV o primeros del XV, y culminó a sus pies, con la fachada oeste y la torre campanario erigidas por Cisneros ciento veinte años más tarde.

Algunos años después, hacia 1530, el cardenal Fonseca ordenó la construcción de la portada sur y del coro. Posteriormente, se fueron añadiendo capillas laterales, hasta bien entrado el Siglo XVII: la capilla de San Felipe se completó recién en 1630; es decir que el ciclo constructivo de La Magdalena abarca, en total, casi dos siglos y medio.

En un atento deambular por su interior, podremos descubrir los escudos de varios arzobispos bajo cuyos respectivos gobiernos, y por su voluntad, fue avanzando lentamente la secular obra del templo.

Veremos así, por ejemplo, un escudo con cinco estrellas que se distinguen claramente, tallado en una de las claves del sotocoro; remiten al arzobispado de Alonso de Fonseca y Ulloa, quien ciñó la mitra toledana entre 1523 y 1534.

Curiosamente, este mismo emblema había sido utilizado mucho antes por uno de sus lejanos antecesores, Sancho de Rojas, entre 1415 y 1422, sin relación directa con Torrelaguna.

En cambio, sí resulta relevante el escudo de Juan Martínez de Contreras, presente en una clave del sector más antiguo y sagrado de la iglesia, la cabecera, pues es durante su arzobispado (que va de 1423 a 1434) que se levantan la capilla principal y las dos laterales.

Destaca, asimismo, el inconfundible escudo de Pedro González de Mendoza, *cuartelado en aspa* o *frange*, con *bandas* fileteadas en los *cuarteles* primero y cuarto, acompañadas del conocidísimo lema

Ave María, gratia (plena) en el segundo y tercero; su arzobispado se extiende desde 1482 hasta 1495.

El escudo *jaquelado* de su insigne sucesor en la cátedra toledana, Francisco Jiménez de Cisneros (1495 a 1517) campea junto a los de su Torrelaguna natal en la torre y en otros puntos destacados del templo; además, en una de las capillas absidiales se conserva la losa sepulcral de su padre, don Alfonso Jiménez de Cisneros (que fue trasladada hasta aquí desde su ubicación original en el arruinado monasterio de la Madre de Dios), hidalgo de origen humilde nacido en la localidad palentina de Cisneros.

xiii. Lemas

También llamados en Heráldica *señas*, *divisas* o *motes* los *lemas* son frases que, en ocasiones, encontramos insertos en los escudos de armas.

Escritos frecuentemente en latín, pretenden sintetizar los ideales o la esencia que caracterizan al propietario del escudo.

Uno de los lemas más conocidos en las provincias de Madrid y Guadalajara es el saludo angélico *"AVE MARÍA GRATIA PLENA"* que adorna los escudos de armas de los Mendoza y también los de sus parientes, los Lasso de la Vega.

En la iglesia de La Magdalena se conservan algunos ejemplos, vinculados directamente a la figura del cardenal Pedro González de Mendoza, promotor de su construcción desde el arzobispado de Toledo, dignidad que ocupó entre 1482 y 1495.

En las vidrieras polícromas de esta parroquia, que fue colegiata y casi tiene porte de catedral, encontramos asimismo otro interesante escudo, que diríamos obispal por la cantidad de borlas y cordones que ostenta, aunque el color del *timbrado* debería ser, en tal caso, verde y no rojo.

Ostenta el lema *"ABSIT GLORIA NISI IN CHRISTUS"*, significando *"lejos de mí gloriarme sino en Cristo"* y que a menudo se cita con la variante *"absit gloriari nisi in cruce"*. Ambas se inspiran directamente en el versículo 14 de la epístola a los gálatas de San Pablo.

A pesar de la valiosa pista que, en principio, nos brinda el lema, no he podido identificar fehacientemente al titular del escudo; tal vez en el archivo parroquial (que no he tenido oportunidad de consultar) se conserve la información, teniendo en cuenta además que la restauración de las vidrieras es relativamente reciente, de mediados del Siglo XX.

Existen ejemplos del uso de lemas semejantes en otros escudos obispales, por ejemplo *"MIHI AUTEM ABSIT GLORIARI, NISI IN CRUCE D(OMI)NI N(OST)RI IESU CHRISTI"* en el del madrileño Diego Aponte Quiñones, quien fuera obispo de Oviedo (1598-1599) y de Málaga (1585-1598); pero en ningún caso parecen vincularse, más allá del lema en común, con este curioso escudo.

Se ha citado, en ocasiones, a un obispo de nombre García Gamarra como su presunto titular, sin más información. Tal vez se refiera a Francisco de Gamarra, obispo de Cartagena en 1615, y de Ávila desde 1616 hasta su muerte; de él se conserva un interesante retrato al óleo en el convento abulense de Santa Ana, obra de Andrés López, un discípulo de Juan Pantoja de la Cruz.

Sin embargo, este prelado nacido en Gamarra Mayor (Álava), que fuera capellán de Felipe III y cura de palacio en el Escorial durante muchos años, no parece tener ninguna vinculación con los Gamarra de Torrelaguna, ni se apellida García; además, el diseño de su escudo (conservado en el palacio que se hizo construir en su pueblo natal), con diez *panelas* puestas en tres palos de 3, 4 y 5, es completamente diferente al de la vidriera de nuestra Magdalena.

Tal vez en este ventanal polícromo no se buscó representar el escudo fidedigno de un personaje histórico, sino una composición moderna y relativamente libre en recuerdo de un torrelagunense ilustre, o en agradecido reconocimiento hacia alguno de los donantes que facilitaron las obras de restauración de la iglesia.

Y es que no solo llama la atención el color de borlas y cordones sino, sobre todo, la sustitución de la convencional cruz *cimera* de los escudos eclesiásticos por un *jaquelado* cisneriano, las dos aves que lo flanquean, y el *acolado* sobre oscura silueta de águila. Nada de ello responde a las reglas clásicas de la heráldica eclesiástica, aunque ya aclaramos que abundan las excepciones.

Siguiendo con el repaso de los *lemas* heráldicos que podemos observar en Torrelaguna, tal vez el ejemplo estéticamente más destacable lo encontramos ornando el escudo de doña Tomé Bernaldo de Quirós (fallecida hacia 1599)

Era hija de don Juan Bernaldo de Quirós (tesorero general de Castilla y custodio, desde 1584, de una de las tres llaves del arca del tesoro real); y de su prima segunda, doña María Vélez de Guevara. Ambos eran naturales y vecinos de nuestra villa.

El escudo de doña Tomé se encuentra en la portada del antiguo Hospital de la Santísima Trinidad, actual Casa de la Cultura de Torrelaguna.

Junto a las características llaves con ojos entrelazados de los Bernaldo de Quirós, encontramos las armas de los Vélez de Guevara, simbolizando ese escudo, por lo tanto, la alianza familiar entre estos dos poderosos linajes celebrada con el matrimonio de los progenitores de doña Tomé.

En particular, los blasones de los Vélez de Guevara se representan en la mitad izquierda del escudo (derecha del observador), relegados por lo tanto a un segundo orden respecto de los situados a la diestra del escudo, por tratarse del linaje materno: *bandas* de *armiño*, cinco *panelas* puestas *en aspa* o *sotuer* y el *lema "POTIUS MORI QUAM FOEDAR"*, que podemos traducir como *"Antes morir que ser deshonrado"*, ocupando el reborde o *bordura* izquierda del escudo.

La mitad derecha de la *bordura* lleva el característico cordón franciscano, tan presente en Torrelaguna por legado del cardenal Cisneros, quien ingresó hacia 1484 en la Orden Franciscana tras sufrir una profunda crisis espiritual que lo llevó a cambiar su nombre original, Gonzalo, por el del santo de Asís.

xiv. *Colores y policromía*

A estas alturas, ya habrá notado el lector que los heraldistas manejan un lenguaje bastante especializado; es más, no solamente utilizan términos específicos para denotar aquellos elementos propios de la *Ciencia del Blasón*, sino que, en ocasiones, también llaman de forma diferente a lo que, en leguaje llano, se conoce de otro modo.

El ejemplo más claro de esa tendencia a la jerga un tanto hermética y a menudo galicista de la Heráldica lo encontramos en el nombre de los colores: rojo se dice *de gules*, azul es *azur*, amarillo o dorado es *de oro*, y así…

El breve glosario del capítulo final incluye las palabras que hemos destacado con *itálica* a lo largo del texto, pero, en todo caso, es importante aclarar que, para la descripción correcta de los escudos de armas, son muy relevantes los colores con que se representan sus diversos *blasones*; en ocasiones pueden ser decisivos para distinguir un escudo de otro.

Sin embargo, la enorme mayoría de los escudos tallados en piedra que se conservan en las fachadas de los edificios carecen actualmente de policromía. Es bastante probable que algunos de ellos estuvieran, efectivamente, pintados en origen y/o fueran repintados varias veces a lo largo de su centenaria historia; pero la acción del tiempo y la intemperie han borrado, a menudo, todo resto de color.

De hecho, encontraremos algunos (muy pocos) que aún conservan restos de esa policromía, como el de Hernán López de Segovia (#8), situado en el exterior de la capilla de la Anunciación, que fue erigida por su voluntad testamentaria y terminada en 1594.

Mas, en general, sólo podremos apreciar escudos coloreados en el interior de los edificios; en nuestra villa los encontraremos, principalmente, en La Magdalena, ya sea en la forma de tallas pétreas o de madera, sobre mármoles o estucos coloreados, en vidrieras y retablos, en cuadros, sepulcros y rejas ornamentadas…

 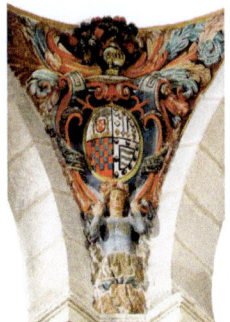 

3

ESCUDOS, HISTORIAS Y PERSONAJES DE TORRELAGUNA

#1 Diego Gasca de la Vega

En la capilla de la Asunción de Santa María Magdalena, datada en el primer tercio del Siglo XVII, encontramos dos sepulturas y la escultura de un anónimo caballero orante en una de ellas, además de dos escudos con *blasonados* muy semejantes (uno de ellos ovalado y policromado, en una de las pechinas o enjutas de la capilla), cuya descripción formal en términos heráldicos sería la siguiente:

Escudos cuartelados en cruz.

1: Escudete con cinco panelas en sotuer, en campo de gules (que es Guevara), soportado por dos árboles desenraizados, en su color natural (que es Piedrahita)

2: Armas de Bernaldo de Quirós.

3: Jaquelado de Cisneros en el escudo de tipo español (3x4 escaques), y de Bermúdez (5x5 escaques de gules y plata, tal vez 6x6 originalmente) en el escudo oval de la enjuta.

4: Armas de Aguayo: Ondas de plata y azur, con una bordura cargada de ocho calderas.

El escudo español va timbrado con celada emplumada de caballero, terciada y adiestrada.

En efecto, se identifican de inmediato las armas de los Bernaldo de Quirós, de los Cisneros (o de los Bermúdez) y de los Aguayo, pero no se conserva epitafio alguno que nos permita conocer el nombre de las personas cuyos restos reposan aquí.

Antonio Ponz, en el tomo X de su monumental *Viaje de España* (obra publicada entre 1771 y 1792) recoge, a su paso por Torrelaguna, que *"la buena estatua de mármol, con manto capitular, y en además de orar (…) era de un caballero de apellido Gasca"*.

La capilla de la Asunción fue originalmente encargada por Ana Bernaldo de Quirós, señora de la villa de Tortuero, para enterramiento de ella y de su marido, García de Salgado y Bermúdez; tras algunas desavenencias con el cabildo respecto al emplazamiento de la capilla, fue finalmente construida junto a la portada epistolar y patrocinada por los señores de Revilla.

Este feudo perteneció a la casa de los Gasca desde 1559 hasta finales del Siglo XVIII, siendo convertido en marquesado desde 1693 por concesión de Carlos II a don Diego Francisco Gasca de la Vega y Dávila (c. 1680 – c. 1725) Así se explica el doble vínculo de la capilla de la Asunción con los linajes Gasca (o "Lagasca") y Bernaldo de Quirós, que, como veremos, por esos años estaban estrechamente emparentados en Torrelaguna.

Las cinco *panelas* del *escudete*, puestas en *aspa*, remiten a los Guevara, tal como las encontramos en las armas de los Vélez de Guevara (#2 y #5)

Sin embargo, el linaje de los Gasca presente en la Torrelaguna del Siglo XVI se origina en la provincia de Ávila. El fundador del mayorazgo, primer señor de Revilla de Campos, fue don Pedro de la Gasca (también escrito "Lagasca" o "Llagasta"; 1493 – 1517), nacido en Navarregadilla, caserío próximo a Barco de Ávila.

Fue llamado *"el Pacificador"*, pues habiendo sido nombrado presidente de la Real Audiencia de Lima por Carlos I, puso fin a la rebelión que Gonzalo Pizarro, hermano menor y pretendido sucesor del conquistador, lideró en el Perú contra la aplicación de las Nuevas Leyes promulgadas por la corona en 1542, que buscaban proteger a los indígenas de los abusos en que incurrían los encomendadores.

Don Pedro cumplió a cabalidad su tarea, capturando y ejecutando a los principales encomenderos rebeldes, tras lo cual retornó a la península.

En su juventud, Pedro de la Gasca había estudiado en Salamanca y luego en Alcalá de Henares, cuando su tío, el licenciado Diego González de Ávila, *el del Barco*, hombre muy cercano al cardenal Cisneros, lo presentó en el entorno de nuestro poderoso arzobispo.

Graduado en derecho civil y canónico, fue caballero de la Orden de Santiago y consejero del tribunal del Santo Oficio; tras su paso por las Indias y ya definitivamente asentado en la península, ocupó los obispados de Palencia y de Sigüenza.

Un sobrino del obispo Pedro de la Gasca, llamado Juan Gasca de la Vega (c. 1560 – c. 1616), hijo segundón del II señor de Revilla, Diego García de la Gasca, se estableció en nuestra villa al casar con doña Tomé (o Tomasa) Bernaldo de Quirós, sobrina homónima de la benefactora del Hospital de la Santísima Trinidad (#2, #11)

Una hermana de doña Tomé, Ana Bernaldo de Quirós, señora de Tortuero, solicitó en 1620 una autorización para construir la capilla la Asunción. Además, desde 1625 se hizo cargo del patronazgo para obras pías que había fundado en 1599 su tía, doña Tomé *la mayor*.

Con el matrimonio de don Pedro y doña Tomé *la joven*, los Gasca avecindados en Torrelaguna emparentaron directamente con los Bernaldo de Quirós y, a través de ellos, con los más importantes linajes de la villa, tal como pone de manifiesto este escudo.

Por ello, es muy probable que la estatua orante en la capilla de la Asunción pertenezca, efectivamente, a Juan Gasca de la Vega, que en tal caso sería el *"caballero de apellido Gasca"* mencionado por Ponz en su *Viaje de España*: don Juan era cuñado, al fin y al cabo, de su primera promotora, doña Ana, y padre de don Diego Gasca de la Vega (1616 - 1657), que fue el V señor de Revilla.

Diego nació, muy probablemente, en Torrelaguna, y suponemos que obraría de mecenas para el mantenimiento de la capilla a la muerte de su tía, pues, como ya vimos, el patrocinio de la capilla se atribuye tradicionalmente a dicho señorío.

El *blasonado* de la mitad izquierda del escudo sugiere que su titular entronca, por línea materna, con los Bernaldo de Quirós; y el de la derecha con los Gasca, por su padre. Todo ello nos orienta nuevamente hacia el V señor de Revilla, hijo de doña Tomé Bernaldo de Quirós y Vélez de Guevara, *la joven*, que ese era su nombre completo, y de Juan Gasca de la Vega.

Precisamente, los cuarteles *diestros* del escudo, jerárquicamente preminentes, muestran el linaje avilés Gasca de don Juan: dos árboles desenraizados, de color natural, que remiten a Piedrahíta (presentes hasta hoy en el escudo provincial de Ávila), villa natal de varios hidalgos antepasados del obispo fundador del linaje, don Pedro de la Gasca *"el Pacificador"*.

Ya vimos cómo en Torrelaguna se mezclaron los linajes Gasca y Guevara, al casar don Juan con doña Tomé, y ello se representa muy elegantemente en el primer *cuartel* del escudo, combinando los árboles de Gasca con las *panelas* de Guevara. El tercer cuartel, *jaquelado*, podría remitirnos al ya mencionado vínculo del obispo Gasca con el cardenal Cisneros, o quizá a su parentesco político con García de Salgado y Bermúdez.

Don Diego y muchos de sus descendientes inmediatos, incluyendo a su nieto Diego Francisco Gasca de la Vega y Dávila, VII señor y I marqués de Revilla, también nacieron y vivieron en Madrid. Es evidente que la vinculación de esta familia con la villa de Torrelaguna, con su parroquia y con la por entonces recientemente construida capilla de la Asunción, estuvo vigente desde los tiempos del V señor de Revilla, don Diego Gasca de la Vega; un siglo y medio más tarde, el recuerdo lejano de aquel vínculo aún pudo ser constatado por Antonio Ponz.

#2 Tomé Bernaldo de Quirós

En la portada del antiguo Hospital de la Santísima Trinidad, hoy Casa de la Cultura, se encuentra un escudo de finales del Siglo XVI con las armas de los Bernaldo de Quirós (#5) y de los Vélez de Guevara.

Escudo de tipo español, partido.

1: En campo de plata, dos llaves de azur puestas en palo, con sus anillos hacia abajo y entrelazados, acompañadas con tres flores de lis de azur, una en jefe y dos en punta, y seis luneles de gules, también en palo, tres a cada lado; cordón franciscano en bordura. Es Bernaldo de Quirós.

2: Cuartelado en cruz: a) y d) tres bandas de armiño; b) y c) cinco panelas puestas en aspa. Bordura con el lema: POTIUS MORI QUAM FOEDARI*. Es Vélez de Guevara.

Al timbre yelmo de caballero, con plumas y lambrequines, terciado y adiestrado.

También podemos observar un escudo similar en el interior de La Magdalena, representado sobre una vidriera, en el que se aprecia

---

*   *"Antes morir que ser deshonrado"*. El origen de este lema se remonta a la conquista aragonesa del sur de Italia, cuando en 1442 Alfonso V de Aragón y Sicilia expulsó de Calabria a Renato de Anjou, duque de Lorena. En ese momento, instituyó la Orden Militar del Armiño, de corta duración, cuyos símbolos fueron un collar de oro del que pendía un armiño con el lema *"malo mori quam foedari"*, queriendo significar que es preferible la muerte antes que traicionar la fidelidad al rey.

la policromía de sus *cargas* y ornamentos. Se representa sin *lambrequines* y con el *yelmo* puesto de perfil.

El escudo remite directamente a doña Tomé Bernaldo de Quirós y Vélez de Guevara *la mayor*, casada con don Francisco Gutiérrez de Cuéllar (c. 1518 - 1581), un noble segoviano que fue caballero de la Orden de Santiago, consejero y contador mayor de Felipe II. No debe confundirse a doña Tomé con su sobrina, *la joven*, del mismo nombre (#1)

No aparecen aquí las armas de Gutiérrez de Cuellar, sino únicamente las de su esposa, doña Tomé: tanto por su linaje paterno, Bernaldo de Quirós (mitad diestra del escudo, la de mayor jerarquía, que es la izquierda del observador), como materno, Vélez de Guevara (*blasones* de la izquierda del escudo)

En efecto, es ella quien dispone en su testamento, de 1599, los medios para reedificar el Hospital; institución que probablemente existía desde al menos un siglo antes, en el mismo predio donde quizá se ubicaba la mezquita de la Torrelaguna islámica en el Siglo X, convertida luego en sinagoga hasta la expulsión de los judíos decretada por los reyes católicos en 1492.

Dejó estipulado doña Tomé, en sus últimas voluntades, que ciento dos mil maravedíes anuales se destinaran a levantar un edificio donde alojar a los convalecientes, dotarlo de la ropa necesaria para las camas y para los enfermos, y alimentar al menos durante doce días al año a enfermos pobres.

#3 Cardenal Francisco Jiménez de Cisneros

Encontraremos a menudo el escudo eclesiástico del cardenal Francisco Jiménez de Cisneros (1436 - 1517) cuando recorramos las calles de nuestra villa, su patria chica.

El más conspicuo es, sin dudas, el que se encuentra ubicado en la fachada del antiguo *"pósito"* de Torrelaguna, actual edificio del Ayuntamiento.

El *"pósito"* o almacén de grano es de estilo renacentista, con portada gótica. Se trata de una de las últimas obras que quien fuera monje franciscano, cardenal presbítero, arzobispo de Toledo y primado de España, canciller mayor, inquisidor general y regente de Castilla, ordenara construir en vida, hacia 1514, con el deseo de dotar a su villa natal de un lugar donde almacenar el grano para enfrentar épocas de carestía.

Fue este uno de los tres primeros *"pósitos"* públicos que existieron en el Reino de Castilla, junto con el de Toledo y el de Alcalá, compartiendo uso con el de Casa Consistorial desde el s. XVI.

La leyenda debajo del escudo reza:

"Esta casa y graneros rredificó el ylustrísimo y reverendísimo señor don frai Francisco Ximenez de Cisneros Cardenal de España arzobispo de Toledo gobernador destos reinos natural desta villa el qual dexo en ella V V fanegas de trigo en depósito para siempre para el tiempo de necesidad de pobres y viudas en el año de ldxv años"

Es decir, el cardenal Cisneros dispuso la obligatoriedad de mantener una reserva fija en el pósito de 5000 fanegas de trigo para pobres y viudas (algunas fuentes leen 7000 fanegas), aportando la primera reserva el propio cardenal.

Su familia era originaria del pueblo palentino de Cisneros. La descripción heráldica de este muy adornado escudo es la siguiente:

Escudo eclesiástico, jaqueado con cinco escaques, de oro y gules, puestos tres por cinco. Soportado por dos cisnes. Timbrado con el capelo cardenalicio, con sus cordones y borlas correspondientes.

Los colores del escudo (*oro* y *gules*, es decir, amarillo - o dorado - y rojo) los podemos apreciar, en efecto, desde el interior de la iglesia de Santa María Magdalena, en una de sus vidrieras.

#4 Melchor de Valenzuela y Liñán

El escudo de armas de don Melchor de Valenzuela y Liñán, segundo conde de la Puebla de los Valles, adorna una portada noble ubicada en el número 9 de la Calle Cisneros.

Sin embargo, esta *piedra armera* es mucho más antigua que el edificio actual; tal vez haya sido trasladada desde otro emplazamiento, o quizá constituya, junto con la portada, el único remanente de una antigua casa-palacio.

Lamentablemente, el *yelmo* emplumado que lo *timbraba* se ha perdido; y ya falta en fotografías que datan de la última década del Siglo XX.

En sus *cuarteles* se pueden reconocer (obviando la policromía, que si alguna vez la tuvo ya no se conserva) otros tantos *blasones* utilizados por linajes de gran prestigio en la *Tordelaguna* de los Siglos XVI y XVII:

1º: León rampante, coronado, con bordura ajedrezada; que es Valenzuela.

2º: Diez panelas puestas en tres palos de 3, 4 y 3; empleado en esta villa por los Liñán.

3º: Escudo del cardenal Cisneros (#3)

4º: Tres fajas con dos órdenes de jaqueles, separados por una barra. Pertenecen originalmente al linaje de origen galaicoportugués de los Sotomayor, que en este caso ha devenido Soto.

Melchor de Valenzuela y Liñán (1671 - 1726), natural de Torrelaguna, era sobrino de otro personaje ilustre de la villa, don Melchor de Liñán y Cisneros (1629 - 1708), quien fuera obispo de Santa Marta y de Popayán en el nuevo mundo, arzobispo de Charcas y de

Lima; y virrey interino del Perú entre 1678 y 1681. Su escudo también está representado en una vidriera de La Magdalena; lo comentaremos más adelante, en el Capítulo 4, cuando visitemos la iglesia.

El señorío del condado de la Puebla de los Valles (Guadalajara) había sido concedido en 1691 por Carlos II al ya por entonces arzobispo Melchor de Liñán; pero este declinó el título en favor de su hermano, don José de Liñán y Cisneros, que se convirtió así en el primer conde de la Puebla, y no el segundo, pues don Melchor no lo llegó a detentar, probablemente por incompatibilidad con su dignidad eclesiástica.

Muerto don José sin descendencia, el título pasó a su sobrino, don Melchor de Valenzuela y Liñán, nacido en Buitrago en 1671. Fue caballero de la Orden de Alcántara y capitán de caballería en Flandes, peleando también en Alemania e Italia. Falleció en Torrelaguna, en 1726. En la ascendencia paterna de este segundo conde se combinan los linajes Valenzuela y Soto, que aportan respectivamente: el león *coronado* y las *borduras* del cuartel 1°; y las *fajas jaqueladas* del 4°.

#5 Gregorio *Vélez de Guevara*

Las armas de los Vélez de Guevara *blasonan* varios escudos torrelagunenses, debido a la participación de este apellido en diversos linajes nobles presentes en la villa.

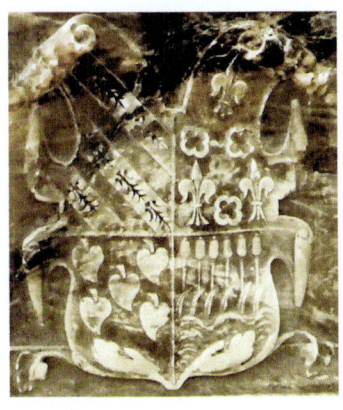

Uno de los más interesantes se puede apreciar en el singular sepulcro exento, de alabastro, perteneciente al

Dr. Gregorio Vélez de Guevara, quien fuera inquisidor de los reinos de Córdoba, Murcia y Jaén durante el primer tercio del Siglo XVI. No he podido conocer la fecha exacta de su muerte, pero sí que se hizo cargo del Tribunal Inquisidor de Jaén durante la guerra de las comunidades (1520 - 1522), probablemente por su afinidad con los sublevados.

El féretro reposa en el centro de la capilla funeraria de San Gregorio o "de los Vélez", erigida entre 1540 y 1544 por Rodríguez Gil de Hontañón en la iglesia de Santa María Magdalena, a encargo de Pedro Vélez, hermano y albacea del inquisidor, en cumplimiento de su voluntad testamentaria. Los restos del propio Pedro Vélez y de su esposa, Eufemia de Capillas, descansan también en la capilla.

El féretro del Dr. Gregorio Vélez exhibe una inscripción que nos informa sobre su titular y, en ambos lados, se repite su escudo *cuartelado en cruz*, con el siguiente *blasonado*:

1° y 3°: Tres bandas cargadas de armiño, y cinco panelas puestas en aspa; que son del linaje Guevara.

2°: Tres luneles y tres flores de lis, que es Bernaldo de Quirós

4°: Seis juncos sobre ondas acuáticas.

#6 Bernaldo de Quirós

De plata, dos llaves de azur puestas en palo guardas arriba, con los anillos bajos entrelazados; seis luneles de este color compuesto cada uno de cuatro medias lunas o crecientes, tres en cada flanco; tres lirios o flores de lis de oro, una en el jefe y otras dos debajo de las órdenes de los luneles.

Así podemos describir a uno de los escudos más antiguos que aún conserva, en su emplazamiento original, la *Antigua y Noble Villa de Torrelaguna*.

Engalana un hermoso arco gótico del Siglo XV o principios del XVI, medio escondido en el corral que se abre al inicio de la calle Juan de Gamarra, junto con otros dos escudos (hoy ya muy deteriorados) que corresponden a otras tantas alianzas familiares de los Bernaldo de Quirós.

El arco en cuestión forma parte de la valla pétrea que delimitaba los terrenos donados, hacia 1560, por Hernán Bernaldo de Quirós (también conocido como *Hernán de la Plaza*) y su esposa, Guiomar de Berzosa, para el establecimiento de la abadía de las Hermanas Concepcionistas Franciscanas Descalzas, Orden creada a fines del Siglo XV por Santa Beatriz de Silva. Es la portada civil más antigua que se conserva en Torrelaguna, preexistente al convento; por él se accedía a un jardín interior de la residencia de los Quirós, que probablemente se convertiría luego en el huerto de la abadía.

El sepulcro y las estatuas orantes del matrimonio patrocinante se conservan bajo un arcosolio, en el interior de la pequeña iglesia conventual, con acceso desde la Calle de las Monjas a través de una interesante portada renacentista, sobre cuyo frontón encontramos sendos escudos convexos (#15): en el de la izquierda campean, entre otros, los *blasones* de los Bernaldo de Quirós (llaves entrelazadas); y en el de la derecha, los de Berzosa (cinco *palos*, *surmontados* de un castillo)

El escudo de los Bernaldo de Quirós es interesantísimo desde el punto de vista heráldico; no solo por la singularidad de sus llaves (*blasón* que no abunda en la heráldica española), sino también porque, curiosamente, podría tratarse de un blasón *parlante*... y de origen artúrico, nada menos.

En efecto, el apellido Quirós podría vincularse con *Quiex*, una de las formas que adopta el nombre de sir Kay (junto con Cai, Keu, Keus, etc.), senescal y hermanastro del legendario rey Arturo. Se trata de uno de los personajes más antiguos de las sagas artúricas, y uno de los primeros en ocupar su lugar entre los caballeros de la Tabla Redonda; ya se lo menciona en las obras de Godofredo de Monmouth y de Chretien de Troyes, del Siglo XII.

Pues bien, el escudo de armas que la tradición asignó a sir Key incluyó, al menos desde el Siglo XV, dos llaves *de azur* en posición vertical sobre *campo de plata*, símbolos *parlantes* de su propio apellido (Key = Llave) y alusivas a su cargo de senescal.

Las llaves de sir Key son las únicas que se conocen en la heráldica artúrica; su semejanza con las prácticamente contemporáneas de Quirós (dos llaves *de plata* puestas *en palo* - es decir, en posición vertical - sobre campo *azur* o azul), junto con la posible equivalencia de los apellidos, han llevado a que uno de los mayores especialistas en heráldica hispana, Faustino Menéndez Pidal de Navascués, sugiera la posibilidad de un origen inspirado – por razones de prestigio – en la imaginaria heráldica artúrica.

Desde el punto de vista histórico, es posible que las llaves hayan sido añadidas al escudo de los Bernaldo de Quirós (donde ya campeaban, desde antaño, los *lunetos* y las *flores de lis)* en la primera mitad del Siglo XIV, cuando Alfonso XI les habría hecho merced de los derechos de portazgo (impuestos al tránsito de viajeros y/o mercaderías) en Asturias.

Posteriormente, Gonzalo Bernaldo III de Quirós (1326 - 1375) recibió las encomiendas episcopales de Quirós, Teverga, Proaza, Santo Adriano de Tuñón y Riosa, habiendo apoyado a Enrique, conde de Trastámara, en su guerra a muerte contra Pedro I de Castilla *el Cruel*, su hermanastro, también llamado *el Justiciero*.

En la última etapa del enfrentamiento, hacia 1369, Gonzalo Bernaldo tomó el control de Asturias en nombre de Enrique de Trastámara, a la postre Enrique II de Castilla, apodado *el De las Mercedes* por unos, y *el Fratricida* por otros; de él recibió el señorío de Valdecarzana de Teverga y la confirmación del señorío de Villoria en Laviana. De la fama que en estos años de apogeo alcanzara el linaje de los Quirós, da cuenta un antiguo refrán que reza *"Después de Dios, la casa de Quirós"*.

Los Bernaldo de Quirós torrelagunenses descienden de don Pedro García Bernaldo de Quirós, quien en 1481 era alcalde de Lozoya por el estado de los *hijosdalgo*. Nacido en Asturias, Pedro García era hijo de don Lope Bernaldo de Quirós Ramírez de Guzmán (nacido entre 1435 y 1445), IV conde de San Antolín de Sotillo y señor de la Casa de Quirós; y de doña Leonor de Villamizar.

En algún momento, don Pedro debió huir a Castilla por razón de ciertas "travesuras de mozo", según confiesa en su testamento de 1529; probablemente nunca regresó. Ya asentado en la sierra madrileña, casó con doña Catalina Sánchez, hija del torrelagunense Pedro Sánchez (de aquí el vínculo con nuestra villa) y de doña María Contreras, natural de Segovia. Fue enterrado junto al altar mayor de la iglesia de El Salvador de Lozoya, en el lado del evangelio.

En Torrelaguna, uno de sus vástagos, Juan Bernaldo de Quirós (Tesorero General de Castilla y padre de doña Tomé *la mayor* (#2), benefactora del Hospital de la Santísima Trinidad (#11) fundó un *mayorazgo*, es decir, un instrumento jurídico que le permitió pre-servar el patrimonio familiar y su preeminencia social en la villa, trasmitiendo propiedades y títulos de forma integral e indivisa a su primogénito, del mismo nombre.

Uno de sus descendientes, Gabriel Bernaldo de Quirós y Mazo de la Vega, caballero de Santiago desde 1650, fue creado I marqués de Monreal por Carlos II, en 1683. El título se conservó en su familia hasta el Siglo XX.

#7 Felipe Bravo de Aguayo

Las armas de Aguayo campean, combinadas con las de otros linajes emparentados, tanto en el interior como en el exterior de la barroca capilla de San Felipe, también conocida como "de Pastrana". Se encuentra junto a la portada sur de Santa María Magdalena, equilibrando armónicamente esa fachada de la iglesia junto con la otra gran capilla que también avanza sobre la plaza, la de "La Anunciación" (#8)

La capilla de San Felipe fue construida hacia 1626, precisamente, por doña Petronila de Pastrana, para su enterramiento y el de su esposo, don Felipe Bravo de Aguayo (o *Daguayo*), ambos naturales de Torrelaguna, todo lo cual es recogido en la inscripción fundacional.

Se trata de un escudo de tipo *español, cuartelado en cruz*, que podemos describir así:

1°: Un león rampante.

2°: Medio partido y cortado: a) una cruz de Tau; b) dos calderas puestas en faja; y c) un castillo.

3°: a) calderas y ondas puestas en palo; b) dos árboles.

4° Cinco panelas, puestas en aspa.

Bordura de armiños. Casco cerrado de caballero al timbre, con penacho de plumas.

Los tres escudos conservados en la iglesia son casi idénticos, con la excepción de que, en el de la vidriera, las ondas han sido sustituidas por sendos árboles.

Son *blasones* de los Aguayo las ondas acuáticas y las calderas; árboles y castillo tal vez provengan de los Gasca (#1) y Bravo, respectivamente; y tal vez el león sea *blasón* aportado por el linaje de la fundadora de la capilla, Pastrana.

En efecto, el rampante felino es emblema omnipresente en la villa alcarreña de Pastrana y en los demás señoríos que fueron de doña Ana de Mendoza y La Cerda (1540 - 1592), más conocida como la Princesa de Éboli, y su esposo, el portugués don Ruy Gómez de Silva (1516 - 1573), secretario de Felipe II, de quien recibieron el preciado ducado de Pastrana. Sus escudos, *partidos en cruz*, llevan en la mitad izquierda el inconfundible *sotuer* fileteado de los Mendoza (Cap. 4), y en la diestra un león rampante.

En cuanto a los Aguayo, remontan su linaje hasta la figura de un legendario guerrero visigodo, que habría peleado contra los moros, junto a don Pelayo, en la ribera del Deba. Se cuenta que, en el fragor de la batalla, cruzó las aguas impetuosas para rescatar al mismísimo Pelayo, que se debatía cercado por guerreros musulmanes. Admirado el caudillo cristiano de cómo había logrado vencer la fuerte corriente, contestole el caballero *"En servicio vuestro, no temo al agua yo"*.

#8 Hernán López de Segovia

Los restos de Hernán (o *Fernán*) López de Segovia, titular de este escudo, descansan en La Magdalena, en la cripta de la capilla de La Anunciación (también llamada "de la Encarnación") que él mismo ordenó construir, a finales del Siglo XVI, en estilo renacentista herreriano o "escurialense".

Ubicada junto a la portada sur de la iglesia, hacia la cabecera, es la capilla de mayores dimensiones y la mejor conservada del templo. Posee su propia sacristía, tribuna y altar, sobre el cual se conserva una estatua del fundador, orando frente a un libro abierto.

La gran cartela conservada en el interior de la capilla nos informa que *"la mandó fundar Fernán López de Segovia, hijo de Íñigo López y Magdalena González. Dejó cuatro capellanes* (para) *que le digan 100 misas cada mes perpetuamente,* (para) *los cuales dejó 600 ducados de renta y del remanente de su hacienda un patronazgo para casa* (de) *doncellas huérfanas y viudas de esta villa y* (para) *hacer otras limosnas. Falleció* (el) *año de 1585, acabose esta capilla* (el) *año de 1594"*

En efecto, don Hernán falleció casi diez años antes de que se finalizara la capilla en la iglesia de su Torrelaguna natal; durante ese tiempo, sus restos permanecieron en la iglesia de San Vicente de Sevilla, desde donde fueron trasladados posteriormente.

Siendo muy joven, acompañó a Francisco Pizarro durante la conquista del Perú y participó en la toma de Cuzco (1533), capital del imperio Inca o "Tahuantinsuyo".

De su etapa indiana posiblemente nos da cuenta el testamento de quien fuera secretario de Pizarro, el llerenense don Pedro López de Cazalla, que lo dictó un día antes de morir, en Cuzco, el 16 de febrero de 1570:

"Yten digo que yo debo a Hernán López de Segovia, Boticario de resto de madicinas que tome de su botica hasta cien pesos a lo que al presente me acuerdo pidole por merced que pues son cosas de botica que no lo lleve por entero todo y me perdone algo dello y si no lo quisiere hacer se lo den todo."

Si, como suponemos, ese boticario acreedor que menciona el buen
Pedro López (a quien obviamente
no salvaron las *"madicinas"* adeu-
dadas) es nuestro Hernán López de
Segovia, el pasaje de este interesante
documento nos estaría dando alguna
pista sobre sus lucrativos negocios en
el Perú, cuando la conquista estaba
ya prácticamente terminada.

De hecho, tras hacer fortuna en
América, Hernán López regresó a
España y se asentó definitivamente
en Sevilla, donde continuó dedicán-
dose al comercio y, además, se puso
al servicio del VII duque de Medina
Sidonia, Alonso Pérez de Guzmán *el
Bueno* (1558 - 1615)

Aunque su vida transcurrió casi
por completo muy lejos de Torrelaguna, en su testamento de del año
1584 Hernán López de Segovia dejó
establecido que buena parte de su
herencia se destinara a la realización
de obras benéficas en su patria chica,
además de la fundación y dotación

de su capilla-panteón. También legó recursos a la Orden de la Merced,
dedicada a la "redención" (esto es, rescate) de cristianos cautivos en
territorios turcos y argelinos (famosamente fue uno de ellos Miguel
de Cervantes Saavedra, desde 1575 hasta 1580)

Seguramente don Hernán estaba orgulloso de la gloria alcanzada
en vida, y así quiso dejar testimonio de ella en su Torrelaguna natal,
para nunca ser olvidado. El legado de sus obras pías, la construc-

ción de su capilla-panteón y, por supuesto, su escudo de armas, son prueba de ello.

Tal vez haya sido el fundador de su linaje, y como tal eligiera un *blasón* adecuado para inmortalizar esa gesta de gigantes, de la que él mismo participó: la conquista del Perú; una empresa digna de héroes inmortales, como las cantadas en los mitos grecolatinos. Y así vemos, en dos escudos de la capilla, su brazo poderoso transfigurado en el de Hércules, estrangulando al León de Nemea en el primero de sus famosos *Doce Trabajos*.

La escena se repetiría seguramente en el escudo que se conserva en la fachada exterior de la iglesia, aunque su deterioro ha dejado visible únicamente el frondoso árbol desarraigado que la completa, probablemente una encina. Curiosamente, este mismo escudo conserva algo de policromía (un caso prácticamente único entre los escudos pétreos expuestos a la intemperie en Torrelaguna), distinguiéndose las trazas de lo que podrían ser tres columnas, *palos* o estacas en uno de los cuarteles inferiores, que no aparecen en los dos escudos interiores.

#9 *Armas de la Villa de Torrelaguna*

El actual escudo de armas de Torrelaguna fue oficializado en noviembre de 1990, junto con la bandera del municipio, y así se describe en el Boletín Oficial N° 265 de la Comunidad de Madrid:

De gules, torre de plata, mazonada de sable, sostenida de ondas de azur y plata. Al timbre la corona real cerrada.

Más allá del añadido de la corona, se trata de un emblema que ha conservado una coherencia notable durante muchos siglos, al menos desde las primeras representaciones que se conservan, de finales del Siglo XIV, o principios del XV, en alguna clave gótica de La Magdalena; y, ya de principios del XVI, en una puerta del antiguo pósito (hoy Ayuntamiento) de la villa.

Son numerosos los escudos que encontramos representados en fuentes, plazas y edificios públicos de Torrelaguna; en todos reconocemos de inmediato la solitaria atalaya o torre fuerte, rodeada de ondas acuáticas.

Algunos de ellos, como el que se aprecia en una vidriera de La Magdalena, restaurada a mediados del Siglo XX, o el que campea en su torre del Siglo XVI, son detallistas y adornados. En contraste, los más antiguos, en las naves y en el sotocoro, son esquemáticos y toscos.

Es evidente que la identificación del nombre de la villa con su *blasón* viene de muy antiguo: en uno de los primeros documentos que se conservan al respecto, una carta del arzobispo Jimeno de Luna expedida el 23 de febrero de 1300 y escrita en caracteres góticos sobre pergamino, el prelado ordena que nadie pueda comercializar vino foráneo en *"nuestro logar de Tordelaguna, aldea de Useda"*, mientras aún exista *"vino de su cosecha para vender"*.

Una medida proteccionista que mucho valorarían, sin duda, los pujantes productores de la *"aldea"*, que noventa años más tarde se emanciparía de su villa madre, Uceda, para constituirse ella misma en villa.

Su denominación sugiere, en principio, la existencia de una antigua torre o atalaya altomedieval, tal vez contemporánea con otras que existieron, o aún existen, en la Sierra Norte madrileña; por ejemplo, la cercana Torre Otón, que se alza junto al río Jarama, en las proximidades de Torremocha.

Si efectivamente se encontraba en el centro de la población, como parece mostrar un grabado anónimo del año 1629, se trataría de una torre defensiva, antes que atalaya para comunicación y control visual del territorio, como en cambio sí lo son las también cercanas de Arrebatacapas, Venturada o el Berrueco.

Más discutida ha sido la asociación de la torre con las ondas acuáticas; desde su origen en un epónimo, por *"Torre de* (los) *Laguna"*; hasta la tradición que defiende que la torre y el caserío circundante estuvieron rodeados antiguamente por lagunas, marjales y terrenos pantanosos (hoy desecados), pues eso podría significar, etimológicamente, el nombre "Malacuera" de la actual calle que, extramuros de la villa, baja hasta el cercano arroyo de San Vicente.

Elaborando algo más esa idea, hay quien opina que, vista desde las alturas de Uceda (con buen tiempo, se entiende), la torre parecería emerger de un espejo de agua, ilusión óptica que inspiraría, claro está, el *blasón* heráldico de Torrelaguna. Fantasiosa o no, es esta última la teoría que más nos agrada.

#10 *Juan de Salinas*

Bajo el frontón de la fachada del llamado "Palacio de Salinas", actual Cuartel de la Guardia Civil, se encuentra un escudo enmarcado en círculo de piedra:

Escudo cuartelado en cruz, de tipo italiano, puesto en cartela arrollada sobre sí por la parte superior:

1º Cuartelado en cruz: 1º y 4º: un castillo de tres torres; 3º y 4º: tres barras; 2º Tres bandas cargadas de armiños; 3º Diez panelas, puestas en tres palos de tres, cuatro y tres; 4° Cinco panelas puestas en aspa. Los cuarteles 2° y 4° llevan a siniestra una bordura de armiños.

El palacio, severamente dañado durante la Guerra Civil, del cual solo se conserva su portada original, renacentista, y su fachada principal reconstruida (pero bastante alterada), fue levantado hacia el primer tercio del Siglo XVI para Luis de la Vega (tal vez por Rodrigo Gil de Hontañón), perteneciente a la rama toledana de ese linaje.

Sin embargo, el edificio fue adquirido poco después por Juan de Salinas, judío converso y personaje influyente en la *Tordelaguna* de entonces: sabemos, por ejemplo, que una importante capilla del convento franciscano de la Madre de Dios, destruido durante la Guerra de la Independencia, llevaba su nombre.

De él descienden los marqueses de la Vega de la Sagra (que a mediados del S. XVII, cuando se creó el marquesado, sólo eran "de la Vega", siendo su titular don Pedro de Silva Rivera y Mendoza), últimos propietarios particulares del edificio, quienes lo donaron al Ayuntamiento en el Siglo XIX.

Se ha propuesto que los personajes representados en los dos medallones (muy erosionados) de la fachada sean los de Juan de Salinas y su esposa; de ser así, es bastante probable que el resto de la ornamentación, incluyendo la leyenda *MEMENTO HOMO*[**] y el escudo que adorna el frontón también le pertenezcan.

Son, entonces, varios los linajes que se entrecruzan en la historia de este palacio y que pueden haber dejado memoria en los *blasones* de su escudo: los castillos y las *bandas* del primer *cuartel* podrían remitir a una de las numerosas ramas de los Vega; las diez *panelas* del tercero, a los Liñán (Cap. 4); las *bandas* de *armiño* del segundo *cuartel* pertenecen a los Vélez de Guevara (#5); y las cinco *panelas* borduradas con *armiños* lo vinculan al escudo de Felipe Bravo de Aguayo (#7)

Sin embargo, el suceso más relevante del que fue escenario este palacio no tuvo que ver con sus propietarios ni constructores: en la madrugada del 23 de agosto de 1559 la Inquisición detuvo aquí al por entonces arzobispo de Toledo, don Bartolomé de Carranza (que se alojaba en el palacio, de paso hacia Valladolid), acusado de herejía y luteranismo.

Nunca recuperaría su posición y moriría, tras muchos años de proceso y prisión, en Roma y en 1576, poco después de ser absuelto. Allí quedaría enterrado, en el Convento de Santa María sopra Minerva, nada menos que hasta 1993, cuando sus restos fueron finalmente exhumados y trasladados a la Catedral de Toledo.

El estudio de ese acontecimiento, de las circunstancias del arresto de Carranza en Torrelaguna y de su postrer destino, escapan completamente al alcance de nuestro trabajo; sin embargo, el Lector curioso podrá encontrar, sin dificultades, abundante información al respecto de este singular evento histórico, que tuvo por escenario a nuestra villa, así como del contexto en el que se produjo: la España antiprotestante del muy católico Felipe II, el rey "prudente".

A lo largo de su añeja historia, el Palacio de Salinas fue alojamiento, durante estancias más o menos prolongadas, de otros varios personajes singulares, también asiduos de nuestra villa, pero más afortunados que don Bartolomé.

Cabe así mencionar a quien fuera reconquistador y pacificador de Santa Fe (hoy en Nuevo México, Estados Unidos), tras las revueltas de los indios Pueblo, en 1680: el madrileño don Diego de Vargas Zapata y Luján Ponce de León (1643 - 1704), cuyo linaje quizá volveremos a encontrar en nuestro paseo heráldico por Torrelaguna (#13); o al vallisoletano Ignacio López de Zárate y Álvarez de Medina (1647 - c.1710), segundo marqués de Villanueva de la Sagra y regente en el Consejo Supremo de Italia durante el traumático tránsito de la dinastía Austria a la de los Borbones.

#11 Hospital de la Santísima Trinidad

En la portada del antiguo Hospital de la Santísima Trinidad, hoy ocupado por la Casa de la Cultura, se conservan tres escudos; ya nos hemos referido a dos de ellos: el de la villa, con su emblemática torre (#9) y el de la fundadora del Hospital, doña Tomé Bernaldo de Quirós *la mayor* (#2)

Entre ambos se encuentra una representación convencional de la Santísima Trinidad, de aspecto simpático e ingenuo. No se trata, realmente, de un escudo de armas, sino del emblema institucional del Hospital, pero igualmente nos sirve de introducción para apuntar algún dato sobre este interesante lugar.

Este sector de la villa estuvo ocupado por la judería de Torrelaguna, tal como sugiere la propia denominación del hospital y de la calle, Santísima Trinidad, advocación muy utilizada para renombrar lugares antaño habitados por judíos, tras el decreto de expulsión aprobado por los Reyes Católicos el 31 de marzo de 1492.

De hecho, en este mismo lugar donde el patronazgo de los Bernaldo de Quirós impulsó la construcción (o tal vez reconstrucción) del Hospital en el Siglo XVI, habría estado hasta aquél entonces la sinagoga, centro religioso y social de la *aljama* torrelagunense, organizada posiblemente a partir del Siglo XIV.

Mas no habría sido este el primer destino del solar; hasta el Siglo XI, con la villa bajo dominio hispanomusulmán, se supone que el predio estuvo ocupado por la mezquita de una antigua fortaleza o *alcazaba* del Siglo X… pero ningún resto de ello se ha conservado, y prácticamente nada sabemos de la Torrelaguna altomedieval.

Ya en el siglo XVII, el hospital fue ampliado por el carmelita descalzo fray Alberto de la Madre de Dios (1575 - 1635), arquitecto que fue del duque de Lerma en la España de Felipe III, y autor de algunas de las obras arquitectónicas más importantes del primer barroco hispano.

Durante el decadente siglo XIX, y buena parte del XX, el viejo edificio hospitalario fue modificándose y desapareciendo como tal, sucediéndose usos y destinos de lo más variopintos: cárcel, parada de sementales equinos, sede de una cofradía de muleros bajo advocación de San Antón… Abandonado desde 1967, su reconversión en Casa de la Cultura, ya casi entrando al Siglo XXI, supuso un nuevo comienzo para este testigo secular de la historia de nuestra villa.

#12 Casa de los Vargas

Ya en el exterior del antiguo perímetro amurallado de la Torrelaguna medieval, en el número 10 de la Calle Mayor, se encuentra la conocida como "Casa de los Vargas".

Cuenta la tradición que en ese solar se levantaba, a finales del Siglo XI o principios del XII, una vivienda o finca que perteneció a Juan de Vargas (o *Iván* de Vargas, como le llaman otras fuentes), el más bien antipático y desconfiado señor de Isidro de Merlo y Quintana, canonizado quinientos años más tarde como San Isidro Labrador.

Es conocido que el humilde Isidro había nacido hacia el año 1080 en el arrabal mozárabe de San Andrés, extramuros del Madrid musulmán, *Mayrit*, a punto ya de ser reconquistado por Alfonso VI

junto con toda la Taifa de Toledo; y que, efectivamente, Isidro trabajó como jornalero en campos de los Vargas y de otros terratenientes locales, roturando, sembrando y cosechando en sus propiedades del valle del Jarama.

Es por aquí que conoce a María Toribia, la futura Santa María de la Cabeza, natural de la cercana Uceda, con quien celebra matrimonio en la antigua iglesia románica de Torrelaguna, aquella que despareció a fines del Siglo XIV o principios del XV para dar lugar a la actual Magdalena.

Podemos incluso imaginar que algunos de los muchos milagros que sus vecinos atribuyeron en vida al santo tuvieron por escenario las cercanas vegas regadas por el Jarama… como la conocidísima labranza con arado y bueyes conducidos por un ángel, mientras Isidro oraba devotamente en alguna ermita cercana.

Hasta aquí, la tradición mezclada de leyenda; ahora bien, es evidente que, ni la casa que actualmente ocupa el número 10 de la Calle Mayor data de aquella época, ni el soberbio escudo con frontón que la ennoblece perteneció a Juan, o Iván, de Vargas. Para empezar, porque los escudos tallados en piedra se comenzaron a utilizar al menos dos siglos más tarde, y su uso se generalizó en las casas solariegas recién a partir del otoño medieval.

Pero es que, además, los *blasones* de este escudo son bien diferentes tanto de los que podemos contemplar en la madrileña *"Casa de Iván de Vargas"* (que también es muy posterior al personaje en cuestión), como de los tradicionalmente utilizados por este antiguo linaje en sus escudos más conocidos, unas ondas *de azur* sobre campo *de plata*, a veces sustituidas por un *verado*.

¿A quién debemos, entonces, la presencia en nuestra villa de este hermoso escudo tallado en piedra dorada, con perfil italiano, barroco en sus ornamentos, cobijado bajo triangular frontón clásico y flanqueado de fieros leones que lo exhiben, soportándolo con sus garras?

Los dos *cuarteles* inferiores facilitan algunos indicios importantes para nuestra pesquisa.

En el tercero campean cinco hojas de higuera, dispuestas *en aspa*: es *blasón* de los Figueroa, linaje de origen gallego que hunde sus raíces legendarias en la Hispania visigoda del Siglo VII y de su fundador, el conde Froilán Ferrández de Temes, magnate casado con la princesa Glasuinta, hija de Chindasvinto, nada menos.

Cuatro de sus descendientes, ya en el Siglo VIII y con el emirato musulmán dominando la península, habrían logrado rescatar a las cien doncellas tributadas por fuerza a Abderramán, tras la legendaria Batalla de la Higuera.

Mucho más cercano en el tiempo, y definitivamente alejados de la leyenda, sabemos que en la Casa de Figueroa recayó el ducado de Feria y el marquesado de Villalba desde el año 1567. A partir de entonces se la conocerá como Casa de Feria, siendo su primer señor don Gómez Suárez de Figueroa (1383 - 1429), maestre de la Orden de Santiago.

Cinco hojas de higuera puestas *en aspa* o *sotuer* también fueron utilizadas, en Torrelaguna, por Guiomar de Berzosa en al menos uno de sus escudos (#14); doña Guiomar patrocinó, junto a su esposo, Hernán Bernaldo de Quirós, la fundación de la Abadía de la Inmaculada Concepción, en cuya iglesia se conservan sus sepulcros. La ubicación relativa del *blasón* en los respectivos escudos sugiere que el linaje Figueroa estaría presente en la ascendencia materna de Guiomar de Berzosa y en la paterna de nuestro ilustre desconocido.

El cuarto ángulo del escudo contiene un emblema poco frecuente, una torre con dos escaleras apoyadas a sus lados: posiblemente un símbolo *parlante* por Escalona (si bien falta la bandera que corona a la torre en el más conocido de sus escudos)

El marquesado de Escalona fue creado por Carlos II en 1679; fue el segundo marqués don Joaquín José de Acuña y Figueroa, gentilhombre de cámara y caballero de Santiago, nacido en Lima en 1662 y fallecido en Madrid en 1736. De su tío, Juan Vázquez de Acuña y Bejarano, muerto sin descendencia, heredó también el título de II marqués de Casafuerte.

Descendía don Joaquín, por línea materna, de los Figueroa y también de una rama de los Mendoza. Por otra parte, las cinco *panelas borduradas* de *armiños* del segundo *cuartel* lo relaciona con otro importante escudo de Torrelaguna, el de don Felipe Bravo de Aguayo (#7), que también lleva esas cinco *panelas* con *bordura* de idéntico diseño.

En el primer *cuartel*, en fin, quizá se adivine un león rampante, hoy casi completamente borrado, *empinado* en un árbol *desenraizado* (tal vez un olivo), que se duplica más pequeño en el mismo *cuartel*.

Intuimos que este escudo pudo pertenecer a un torrelagunense emparentado o vinculado de alguna forma con el II marqués de

Escalona, pero nada firme puede decirse al respecto. Una búsqueda paciente en La Magdalena tal vez arrojaría información valiosa, que permita poner nombre y apellido a esta *piedra armera*; comenzando, por ejemplo, con un repaso meticuloso de los *blasones* representados en las numerosas losas sepulcrales que pavimentan sus naves, a la búsqueda de hojas de higueras y torres asediadas…

#13 Calle de la Montera Nº 3

Este interesante escudo de armas se encuentra en unos de los rincones más sugestivos y pintorescos de Torrelaguna, el entorno de la llamada "Plaza de la Montera", donde aún se conservan un par de casas solariegas que constituyen excelentes ejemplos de la arquitectura tradicional, de estilo barroco-mudéjar, asociada a la nobleza hidalga y local del Siglo XVII.

Es muy probable que el escudo haya pertenecido a una de las familias que habitaron alguna de estas casas-palacio, como la llamada "de los Golfines", u otra ya desaparecida; sin embargo, el inmueble al que actualmente se encuentra adosado es de construcción mucho más reciente, producto de la subdivisión de una vivienda previa.

Por lo tanto, es de suponer que esta *piedra armera* fuese trasladada hasta aquí desde su ubicación original y desconocida, o bien que fuera recuperada de una antigua vivienda noble que ocupaba ese solar y haya sido (al menos parcialmente) destruida.

Aunque no logremos, por ahora, determinar exactamente quien fue el propietario de este escudo, sí que podemos describirlo en términos heráldicos, poniendo en práctica el bagaje de vocabulario y conceptos que hemos ido repasando, e incluso intentar identificar algunos de sus *blasones*.

Como vemos, se trata de un típico escudo de perfil *español*, *cuartelado en cruz* y *timbrado* con casco o *celada* puesta de perfil, como de hidalgo, que lleva visera de tres rejillas, *adiestrada* y adornada con plumas, sin *lambrequines*. En sus *cuarteles* distinguimos:

1°: Una cruz de Calatrava y dos leones rampantes, coronados, en sus ángulos 1° y 4°.

2°: Dos tiras de veros - superior e inferior - y dos tiras de veros y contraveros en faja.

3°: Diez panelas puestas en tres palos de 3, 4 y 3, con bordura de ocho estrellas.

4°: Cuartel cortado; 1°: león rampante coronado junto a castillo; 2°: árbol desenraizado con león coronado y empinante. Este segundo emblema fue utilizado por algunas ramas castellanas de los Ruiz, patronímico derivado del primitivo nombre Rui o Ruy.

Verados muy parecidos a los del segundo *cuartel* han sido frecuentemente utilizados por varias ramas del linaje Agüero, originario de las montañas de Santander, en la Merindad de Trasmiera, con registros desde la primera mitad del Siglo XIV.

También los vemos en escudos que portan algunas ramas de los Vargas, particularmente los apodados "Machuca", tras la feroz batalla de Jerez del año 1232, en la que su antepasado Diego de Vargas se prodigó "machucando" a innumerables enemigos moros con una pesada rama de olivo, o tal vez de encina, que blandía a modo de garrote...

Por otra parte, las diez *panelas borduradas* con ocho estrellas, que vemos en el tercer *cuartel*, es *blasón* de algunas ramas de los Gamarra que arraigaron en tierras muy alejadas de su solar ancestral Vitoriano: prolíficos primero en tierras castellanas, algunos pasaron al Perú y otros pelearon en Flandes. Pero las *panelas* de sus escudos son pequeñas brújulas que por siempre siguieron apuntando a sus orígenes, la llanada Alavesa y las aguas del Zadorra.

Es posible que, hurgando en ejecutorias de hidalguía, expedientes de órdenes militares, genealogías familiares, etc., surjan datos que puedan confirmar la identidad del titular de esta *piedra armera*.

Mientras tanto, de modo puramente conjetural y osado, apuntamos aquí hacia los entornos familiares de algunas figuras relevantes para la historia de la villa, cuyos linajes podrían, eventualmente, estar representados en este escudo: Gamarra, Ruiz, Vargas, Agüero...

Comenzamos por los Gamarra, que han estado presentes en Torrelaguna desde, por lo menos, comienzos del Siglo XVI; el primer Juan de Gamarra que hemos encontrado documentado por estos lares estaba casado con María Fernán Ruiz de la Torre.

Su vástago, Juan de Contreras Gamarra (y Ruiz), nacido según algunas fuentes en Torrelaguna y según otras en San Clemente (Cuenca), fue capitán de caballería en Flandes. De su unión con Adriana de la Torre nació Esteban de Gamarra y Contreras (1593 - 1671), caballero de la Orden de Santiago.

Illustrissimus, et Excellentissimus Dominus D. STEPHANVS DE GAMARRA, et Contreras Equestris exercitus Catholicæ Ma.tis Præfectus effecto Belgii et Burgundiæ apud Ding versos Gubernator, nec non ad tres el Ordines generales, fœderatarum Legatus Ordinarius Ordinis Militaris S.ti Iacobi Regis Generalis Supremorum Consiliorii Belli qenium Regum assistens, Serenissimi Mosæ Galliæ et, Insoliæ Dominus Prouincium Prouinciarum

Jan. Meyssens excudit.

Nacido y fallecido en Flandes, don Esteban participó como Maestre de Campo en el famoso sitio y rendición de Breda, el de 1625, magistralmente pintado por Velázquez diez años más tarde, y hoy conservado en el Museo del Prado.

Integró el Consejo de Flandes y puso su amplia experiencia diplomática al servicio de los tres últimos monarcas de la dinastía Austria, los "menores": Felipe III, Felipe IV y

Carlos II, representado a España en la corte de Cristina de Suecia y también en La Haya, donde murió.

El escudo de armas de don Esteban de Gamarra y Contreras que acompaña a un retrato suyo, obra del pintor flamenco Joannes Meyssen, es casi idéntico al tercer *cuartel* de nuestro escudo: lleva las mismas diez *panelas* repartidas en *palos* de 3, 4 y 3, también *borduradas*, con la leve variación de que las ocho estrellas de la *bordura* han sido sustituidas por otras tantas cruces de San Andrés. En el grabado, su condición de caballero de Santiago queda orgullosamente atestiguada por una medalla con la cruz-espada que pende de su cuello.

El lector curioso podrá, tal vez, averiguar a qué miembro de esta familia recuerda el nombre de la breve calle que discurre por el casco histórico de Torrelaguna, a corta distancia de la Montera.

Ya en el Siglo XVII, encontramos a don Francisco de Salazar y Agüero (1699–1771), también torrelagunense (al igual que sus padres, Alonso Salazar y Rojas, y Josefa de Agüero), quien fuera Consejero Real, oidor de la Chancillería de Granada, ministro del Consejo de Castilla y, en los últimos años de vida, regidor de su villa natal.

Su firma aparece estampada, junto a la de otros funcionarios reales, en la Pragmática Sanción de 1767 por la cual Carlos III dispone la expulsión o "estrañamiento" de los jesuitas de todos sus reinos, controvertida decisión que tuvo consecuencias nefastas, particularmente en los dominios hispanoamericanos limítrofes con las colonias portuguesas al sur del Brasil.

Para cerrar esta audaz y por demás incierta lista de candidatos cuyos *blasones* podríamos adivinar en la *piedra armera* de la calle Montera, incluiremos a un ilustre madrileño, ya antes mencionado por haber sido visitante muy frecuente (prácticamente vecino) de Torrelaguna, y habitante del "Palacio de Salinas" (#10)

Llamado casi siempre, por ser breves, don Diego de Vargas, su nombre completo era Diego de Vargas Zapata y Luján Ponce de León y Contreras (1643-1704); casó en Torrelaguna, en 1664, con Beatriz Pimentel de Prado Vélez de Olazábal, y aquí nacieron también sus cinco hijos, apellidados Vargas Pimentel, entre 1665 y 1670.

Fue gobernador de Santa Fe (Nuevo México) desde 1690 hasta su muerte, en 1704; y como se ve, no iba escaso de apellidos ilustres. Uno de ellos tal vez nos remita al segundo *cuartel verado* de nuestro escudo: Vargas.

En la madrileña Capilla de la Cuadra de San Isidro (que, según reza la tradición, fuera antigua caballeriza o "cuadra" de los Vargas, señores en vida de San Isidro Labrador) conservamos un buen retrato en cuerpo entero de don Diego de Vargas, caballero de Santiago, creado marqués de la Nava de Bárcinas en 1700 por Carlos II.

Fue este último un merecido reconocimiento por su obra de reconquista incruenta y pacificación de Santa Fe (hoy capital de Nuevo México, en EEUU, pero antes perteneciente al Virreinato de Nueva España), tras la rebelión liderada en 1680 por Popé, un caudillo de los indios Pueblo. Por ello, en ocasiones se lo ha llamado "el conquistador pacífico".

Se trata de una tabla pintada al óleo por Julio Barrera, en fecha desconocida. Si observamos con atención este cuadro, notaremos que el menudo escudo representado en el ángulo superior izquierdo porta, en su primer *cuartel*, las mismas *tiras* de *veros* y *contraveros* que aparecen en el segundo *cuartel* de nuestra *piedra armera*. Una coincidencia, quizá, o tal vez un indicio más que ayude, tarde o temprano, a poner nombre y apellido a su dueño, si es que alguien no lo ha hecho ya sin nosotros habernos enterado.

En cualquier caso, entretenidos en adivinar y vincular estas piezas heráldicas, hemos podido recorrer, aunque sea someramente, la vida de unos cuantos personajes señeros y relevantes para la historia de Torrelaguna y de España.

Quizá los mudos *blasones* de este escudo recuerden, efectivamente, la gloria y honor de alguno de estos hijos - por nacimiento, o por adopción - de la antigua Torrelaguna, que aquí hemos recordado; mas no es tarea sencilla discernir las frondosidades genealógicas de las viejas familias hidalgas de nuestra villa.

Y es que, en aquel desmesurado Siglo de Oro español, sus proles numerosas desbordaron los horizontes de la patria chica, tal vez la única que habían conocido sus padres y abuelos, para descubrir, conquistar, luchar y predicar a lo largo y ancho del inabarcable Imperio donde nunca se ponía el sol.

#14 Hernán Bernaldo de Quirós y Guiomar de Berzosa

La pequeña abadía de la Inmaculada Concepción (hoy, convento habitado por Concepcionistas Franciscanas Descalzas) se estableció hacia 1560 en su solar de la Calle de las Monjas, gracias al patronazgo ejercido por los señores de La Granja, don Hernán Bernaldo de la Plaza (también llamado "de Quirós", por pertenecer a esta linajuda familia torrelagunense) y su esposa, doña Guiomar de Berzosa.

Es de suponer, por tanto, que a ellos pertenecen los dos escudos conservados sobre la maltrecha portada renacentista de la iglesia abacial, reconstruida en la década de los 60 del Siglo XX, con los pobres restos que dejó la explosión de una bomba durante la Guerra Civil. En el interior del templo se conserva, asimismo, el sepulcro de los fundadores, bajo sus respectivas estatuas dispuestas en posición orante, todo ello obra del escultor Juan Calderón, vecino de Torrelaguna, realizada entre 1575 y 1577.

Fue este cenobio una de las numerosas casas que la orden, fundada ochenta años antes por Beatriz de Silva (c. 1430 – 1492), tuvo en Castilla, incluyendo unos cuantos beaterios. Beneficiada por sucesivas donaciones a lo largo de los siglos, la abadía llegó al XVIII usufructuando extensas propiedades en el entorno de Torrelaguna y otros municipios serranos.

Ya en el Siglo XIX, residió aquí durante varios años la mística María Josefa de los Dolores Anastasia Quiroga y Capopardo, mucho más conocida como sor Patrocinio (1811 - 1891) o "la monja de las llagas", por manifestarse en su cuerpo los estigmas de Cristo; fue una influyente religiosa concepcionista, cercana a la reina Isabel II y reformadora de la orden Concepcionista.

La fundadora de la orden, nacida en Portugal como Beatriz Menezes da Silva, fue canonizada en 1976. Natural de Ceuta, había llegado a Castilla en 1447 como doncella de Isabel de Portugal (futura madre de la Católica), que ese mismo año contraería nupcias con Juan II de Castilla. La propia Beatriz era de linaje noble, tanto por vía paterna (Silva) como materna (Menezes), vinculado a las casas reales de Portugal y de Castilla.

En 1484 la futura santa Beatriz fundó la Orden de la Inmaculada Concepción, con apoyo de Isabel la Católica, que a tales efectos le hizo merced del toledano *Palacio de Galiana*.

Sin embargo, la naciente congregación estuvo a punto de desaparecer tras la muerte de la fundadora, debiéndose principalmente al apoyo que le deparó el cardenal Cisneros el que lograra seguir existiendo como orden autónoma, aunque ya bajo marcada influencia franciscana.

A partir de ese momento, y durante el Siglo XVI, la orden logró extenderse ampliamente por España, Portugal y el Virreinato de la Nueva España, en los actuales Centroamérica México, y sur de los Estados Unidos.

Volviendo a los escudos de los benefactores, los tallados sobre la portada son muy elegantes, con doble curvatura (convexos al centro, cóncavos en el tercio inferior) y bordes cual pergamino enrollado.

El de don Hernán Bernaldo porta las características llaves de ojos enlazados, rodeadas de *luneles* y *flores de lis*, armas todas de los Bernaldo de Quirós, que ocupan aquí el primer cuartel.

En los restantes *cuarteles* se despliegan las armas de otros linajes locales con los que, seguramente, también estaría emparentado: tallos sobre ondas acuáticas, tal vez juncos u ortigas, en el tercero; *cuartelado* con castillo de tres torres en 1º y 4º, tres *bandas* lisas en 2º y 3º; los *blasones* del segundo cuartel, muy deteriorado, ya no se distinguen.

El escudo que se conserva en el interior de la iglesia, al frente del sepulcro, es sin embargo mucho más sencillo; sólo lleva las armas de los Bernaldo de Quirós, *timbrado* con *celada* de caballero, *terciada* y *adiestrada*, sobre la que asoma un león *rampante* a modo de *cimera*. Un cordón franciscano contornea todo el escudo, sin ser *bordura* propiamente dicha, sino adorno perimetral externo.

Lo mismo ocurre con los escudos de su esposa, doña Guiomar de Berzosa: el ubicado en el exterior de la iglesia, sobre la portada, es mucho más elaborado que el que acompaña al de su marido en el frente del sepulcro. Los dos *blasones* principales, que en principio, y siguiendo las convenciones de jerarquía heráldica, corresponderían al linaje paterno, por ubicarse en los cuarteles de la mitad derecha del escudo (1° y 3°), son los únicos que también se encuentran en el del sepulcro: *bordurado* con cruces de San Andrés (que no las tiene el escudo exterior), vemos cinco *palos surmontados* de castillo con tres torres (por Berzosa); y cinco hojas de higuera que en el escudo del sepulcro se disponen *en aspa*, similares a las ya vistas en el escudo de la Casa de los Vargas (#12)

Quizá indiquen, por lo tanto, algún grado de parentesco con su anónimo propietario, que tal vez compartió con doña Guiomar el linaje Figueroa a través de su abuela paterna (*partido* izquierdo del segundo escudo)

Los dos *cuarteles* restantes del escudo de la portada (2° y 4°) portan emblemas que también encontramos en otras *piedras armeras* de Torrelaguna: las ya conocidas *panelas* puestas en tres *palos* de 3, 4 y 3, como también las utilizan los Liñán (#4) y los Gamarra (#13); y dos leones *pasantes, en palo, surmontados* de tres *flores de lis*.

El emblema del cuarto *cuartel* es idéntico al que aparece grabado en una lápida que se conserva en el pavimento de La Magdalena. Se trata de la sepultura del bachiller Pedro Liñán, vecino de Torrelaguna que *"finó año de 1532"*, y de su hijo, que *"finó año de 1554"*, según aclara la inscripción perimetral de la losa sepulcral. En esa lápida se representan, además del escudo con leones y *flores de lis*, otros dos escudos que portan, respectivamente, las diez *panelas* de los Liñán y la cruz *flordelisada* rodeada de castillos y mesas (o rastrillos), *blasones* todos que se reúnen en el escudo de quien fuera obispo de Popayán y Virrey del Perú, el torrelagunense don Melchor de Liñán y Cisneros (Cap. 4)

Esto sugiere un vínculo familiar entre doña Guiomar de Berzosa y los Liñán, posiblemente a través de su linaje materno; algo que, por otra parte, no es de extrañar, ya que en los siglos XV y XVI prácticamente todas las familias nobles de la villa estaban emparentadas de un modo u otro mediante enlaces matrimoniales.

#15 San Gil Coronel

Este pequeño y simpático escudo adorna la portada de la casa solariega que en Torrelaguna poseyeron los marqueses de Peramán, ubicada en el Nº 8 de la Calle de San Francisco.

Se trata, en realidad, de un escudo de factura moderna, del Siglo XX, aunque probablemente inspirado en algunos *blasones* tradicionales de los linajes familiares de los marqueses. En origen, el título había sido concedido por Felipe

V, durante el primer tercio del Siglo XVIII, a don José Villanueva Terrer de Valenzuela, primogénito de los I marqueses de Villalba.

Sin embargo, desde las primeras décadas del Siglo XX, la titularidad del marquesado pertenecía a la familia San Gil Coronel, que adquirió el título nobiliario y el propio solar donde construyó, o tal vez rehabilitó, una vivienda preexistente, colocando este escudo en su fachada.

En Torrelaguna hay constancia de la presencia de este linaje por lo menos desde el Siglo XVIII, en la persona de Manuel Coronel, natural de la villa que en 1767 se matriculó en la universidad de Alcalá de Henares. Y en localidades cercanas de la actual provincia de Guadalajara, incluyendo su capital, los encontramos incluso dos siglos antes.

Es muy frecuente la presencia de aves en los *blasones* de Coronel: por ejemplo, cinco golondrinas *de sable* puestas *en aspa* usaron tradicionalmente los Coronel asentados en Madrid, sustituidas a veces por cinco águilas *de plata* o *de oro*, alguna coronada, que parece ser la versión adoptada en este caso, aun cuando el tallador haya logrado lo que más bien parecen cinco polluelos o aguiluchos *pasmados*. Las *flores de lis*, asimismo representadas en el cuartel diestro, suelen acompañar a las aves de Coronel, aunque normalmente dispuestas en las *borduras* y no en el *campo* del escudo.

Águilas, golondrinas, y también cornejas, habitan los escudos de este linaje a lo largo y ancho de la geografía española; algunos heraldistas aseguran (y otros niegan) que los apellidos *Coronel* y *Cornel* comparten origen, en cuyo caso las cornejas devendrían *símbolo parlante*. En cualquier caso, nuestro escudo porta una avecilla más, puesta como *cimera* de la cerrada *celada* de caballero; probablemente otro ingenuo aguilucho, pero esta vez puesto de perfil y en posición vigilante.

En la mitad izquierda del escudo (derecha del observador) nos reencontramos con una imagen que ya hemos observado en nuestro recorrido heráldico por Torrelaguna: el león atenazado por una poderosa mano, tomada seguramente del escudo de Hernán López de Segovia (#8) y que remite a la leyenda de Hércules y el León de Nemea… león representado, eso sí, con el mismo estilo ingenuo y pueril que caracteriza a toda la fauna del escudo, asumiendo un aspecto a medio camino entre felino y *grifo*.

La incorporación de este *blasón* en el escudo de los San Gil Coronel se explicaría por haber asumido esta familia el patronazgo de la capilla de la Anunciación, construida en La Magdalena por manda testamentaria de Hernán López para su eterno reposo.

#16 San Isidro Labrador

En la fachada de la llamada "Casa de los Vargas", junto al número 10 de la Calle Mayor, además del espléndido escudo ya comentado (#15), se conserva este otro, mucho más pequeño, sencillo y de factura relativamente reciente (probablemente del Siglo XX), con tres de los emblemas tradicionales de San Isidro Labrador: pala, aguijada y arado.

La tradición popular relaciona estos aperos de labranza con algunos de los milagros más conocidos que se atribuyen a Isidro de Merlo y Quintana.

La vida de Isidro, humilde labrador mozárabe, transcurrió a caballo entre los siglos XI y XII, entre el *Mayirit* islámico de la taifa toledana y el Madrid cristiano reconquistado en 1085 por Alfonso VI; entre el arrabal cristiano de San Andrés y las fértiles tierras regadas por el Jarama… Siempre al servicio de unos amos, los Vargas, que eran propietarios de tierras en Torrelaguna y, se supone, del solar que hoy ocupa la vivienda engalanada con estos escudos, todo ello muy posterior a la época de Isidro.

Del bueno de Isidro se asegura que fue zahorí y pocero; hacedor de lluvia y milagros; labrador esforzado y jornalero al servicio de hombres ricos, siendo él mismo extremadamente humilde, pero muy generoso con sus vecinos. El recuerdo agradecido de estos últimos se plasmó en su hagiografía, que recoge un códice del Siglo XII donde es llamado *Ysidorus Agricola*.

Los cinco milagros que allí se relatan se multiplican por cien con el correr de los siglos, al hilo de la tradición popular y de una devoción que conduce, finalmente, a su canonización en 1622.

En tres de aquellos cinco milagros fundacionales intervienen, de un modo u otro, los *blasones* de este escudo. Con la pala triangular se cavan los pozos allí donde la intuición del taumaturgo adivina la escondida corriente subterránea, como el que devolvió milagrosamente, sano y salvo, a su hijo Illán. La aguijada separa la tierra adherida a la reja del arado, que abre surcos de los que surge agua en medio de una terrible sequía; arado arrastrado por mansa yunta de bueyes y conducido por un ángel, que releva a Isidro mientras éste se retira a orar.

En realidad, las sencillas *"armas"* de Isidro, santo patrón de los agricultores, son las mismas que, a lo largo de incontables siglos, emplearon sus devotos campesinos para domesticar las agrestes serranías de antaño y al fin convertir los campos de la vieja *Tordelaguna* en feraces *tierras de pan llevar*, que fueron pródigas en cereales y se cubrieron de incontables huertos, viñedos y olivares.

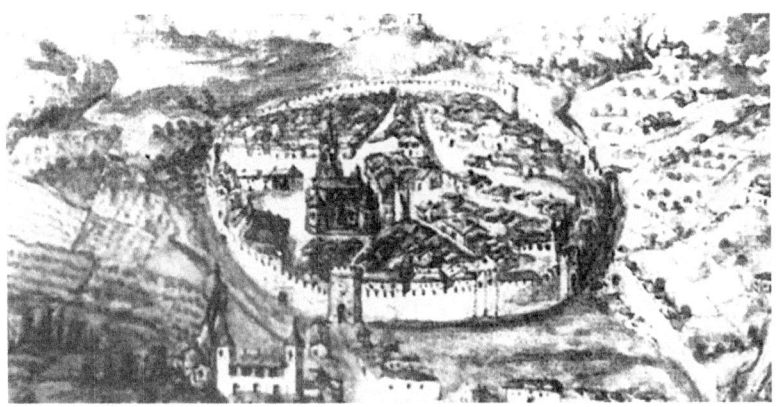

Vista de Torrelaguna en un grabado anónimo del año 1629. Se distingue la antigua torre-atalaya de época islámica (hoy desaparecida) erguida en el centro de la villa, junto a la mole de La Magdalena; el trazado circular de su muralla, con sus puertas y torreones; y en primer plano, extramuros, el convento franciscano de la Madre de Dios, hoy en ruinas. El original se conserva en el Ayuntamiento de la Villa.

4
CRONOHERÁLDICA DE LA MAGDALENA

En el interior de la iglesia de Santa María Magdalena se conservan varios escudos y *blasones* eclesiásticos pertenecientes a los arzobispos toledanos que promovieron, a lo largo de los Siglos XV y XVI, las sucesivas etapas constructivas del templo.

Los podemos encontrar esculpidos en las claves de las bóvedas, en muros o en arcos, dejados allí por sus propietarios como recordatorio de que fueron ellos quienes los construyeron, para mayor gloria de Dios… y de su memoria. Los hay también polícromos, mucho más modernos, representados en las vidrieras de los ventanales, que fueron restauradas durante el Siglo XX.

En el sector más primitivo de la iglesia, la cabecera (que es por donde se comenzó a levantar la obra, en los últimos años del siglo XIV o principios del XV), se encuentra una clave de bóveda cuya

decoración, aunque muy deteriorada, permite adivinar los que posiblemente sean *blasones* de don Juan Martínez de Contreras, titular de la archidiócesis de Toledo entre 1423 y 1434: una cruz hueca, *flordelisada*; un castillo, del que apenas se distingue algún detalle; y parte de los cordones borlados, característicos de la heráldica episcopal.

Más fácilmente reconoceremos, en otras partes de la iglesia, el mendocino lema *AVE MARÍA / GRATIA PLENA* en los

PETRº.GŌZAEZ.DEMĒDZA.
CARDNALS.OB.II.IAN.1495.

escudos del cardenal don Pedro Gonzáles de Mendoza (1482 – 1495), quinto vástago del inefable marqués de Santillana y apodado en su momento "tercer rey" de las Españas, por su poderoso influjo en la corte de los Reyes Católicos.

Su vida abarca el período más brillante de la historia de Castilla y de su propia familia, ilustre mecenas bajo cuyo auspicio irrumpe el renacimiento italiano en nuestra península y se materializa plenamente, ya sin reminiscencias góticas, en su impresionante sepulcro toledano.

Con el impulso generoso del cardenal Pedro de Mendoza, La Magdalena vio completarse la construcción y el abovedamiento de sus tres naves.

Sucesor de don Pedro en la cátedra de Toledo fue el otro gran cardenal renacentista, no menos ilustre y poderoso que el de Mendoza: don Francisco Jiménez de Cisneros (1495 – 1517), paisano de Torrelaguna, dos veces regente de Castilla y decidido promotor de La Magdalena. Su escudo *jaquelado* campea airoso en los muros

de la torre campanario, cuya construcción encomendó al maestro Juan Campero entre 1511 y 1514.

Y es que, por esos mismos años, había encargado el cardenal a Campero la construcción del vecino convento franciscano de la Madre de Dios, magnífico edificio que fue desgraciadamente arrasado por los franceses en su primera retirada de 1808, y cuya espadaña es hoy emblema de la villa.

A don Francisco debemos, asimismo, la portada norte de la iglesia, la de San Ildefonso. Portada y torre confieren a La Magdalena su inconfundible estampa cisneriana.

Hacia 1530, siendo arzobispo de Toledo don Alonso III de Fonseca y Ulloa (1523 - 1534), se abrió la portada sur del templo, con la representación del *"Noli me tangere"* (imagen hoy casi irreconocible, debido al deterioro de los relieves tallados), y el hermoso coro elevado sobre arcos carpaneles, con balaustre y tribuna para el órgano, situado a los pies del templo.

Precisamente, en una de las claves de su bóveda se representa el escudo del arzobispo Fonseca, con sus características cinco estrellas *en sotuer*, una por cada llaga del Cristo crucificado;

el mismo emblema fue utilizado, un siglo antes, por su predecesor Sancho de Rojas (1415 - 1422), cuando la construcción del templo recién había comenzado o, tal vez, aún se desmantelaba la antigua iglesia románica a la que sustituyó.

Se podría decir que don Fonseca pertenecía a un "linaje arzobispal", pues su padre, Alonso II de Fonseca y Acevedo, también había sido titular de una importantísima archidiócesis hispana, en su caso la de Santiago de Compostela (1486 - 1508)

Las cinco estrellas *de gules* puestas en campo *de oro* identificaron desde muy antiguo a este linaje, originario de tierras gallegas situadas entre el Miño y el Duero, solar conocido como *Quintana de Fonseca* o *de Fuenseca*, de donde deriva su apellido.

Con Mendoza, Cisneros y Fonseca, la sede primada de Toledo alcanzó, seguramente, la cima de su poder e influencia en todos los ámbitos de la sociedad: religioso, por supuesto, pero también político, cultural, artístico y filosófico. En el período que abarcan sus arzobispados, desde 1482 hasta 1534, los reinos medievales de Castilla y Aragón se convirtieron en la Monarquía Hispánica del Siglo de Oro español, el primer imperio global que conoció la Historia y el más poderoso de su época. En cada etapa de esa transformación portentosa, nuestros personajes no solo fueron testigos, sino también primerísimos actores. Y los tres dejaron su "rúbrica heráldica" en La Magdalena.

Las claves de bóveda en La Magdalena recogen algunos otros *blasones* interesantes; por ejemplo, la emblemática torre o atalaya sobre ondas acuáticas de Torrelaguna; o lo que podría ser, bien otra representación muy exagerada de esta misma torre, convertida ya en castillo, o tal vez un puente de cuatro arcos y ojo central, defendido por cinco torres, en tal caso el de San Martín, por referencia al Arzobispado de Toledo.

Y a propósito de Toledo, en el actual escudo de la archidiócesis primada se representa la milagrosa imposición de la casulla a San Ildefonso, por parte de la Virgen María, motivo que también preside la portada occidental de La Magdalena y abunda en toda la archidiócesis.

Volvemos ahora nuestra atención a las vidrieras polícromas, donde se iluminan a trasluz las armas del arzobispo de Lima, don Melchor de Liñán y Cisneros.

Nacido en Torrelaguna (como su antepasado, el cardenal Cisneros) en 1629, don Melchor de Liñán llegó a ocupar interinamente el virreinato del Perú (algo inédito para un religioso)

Había llegado al reino de la Nueva Granada (actual Colombia) en 1664, donde ocupó los obispados de Santa Marta y de Popayán.

En 1671 fue designado arzobispo de La Plata en la provincia de Charcas (hoy Sucre, Bolivia), y poco después de Lima, dignidad que conservó por más de treinta años, hasta su muerte, en 1708.

Melchor de Liñán atendió, además de aquellas inherentes a su jerarquía eclesiástica, otras importantes funciones civiles y hasta militares en el vasto Virreinato del Perú. Así, fue gobernador y capitán general interino de Nueva Granada, además de presidente de la Real Audiencia de Santafé de Bogotá. Finalmente, es nombrado virrey interino por Fernando VI en 1758, el 21.º del virreinato, cargo que ocupó (siendo inédito que lo hiciera un arzobispo) durante casi tres años y medio.

Un antiguo grabado anónimo con el escudo del arzobispo Liñán recoge varios de estos títulos, recordando además su cuna, *Tordelaguna*.

Como máxima autoridad política y militar, enfrentó y derrotó a corsarios ingleses, saneó las finanzas del virreinato, reprimió revueltas internas entre criollos levantiscos, promulgó las Leyes de Indias recopiladas por orden de Carlos II en 1680 y destacó por su protección de los indígenas.

En su rol de arzobispo, don Melchor promovió la disciplina del clero y la reforma de los conventos femeninos, para limitar su número; pero, sobre todo, destacaron sus trabajos para la reconstrucción de Lima, tras un devastador terremoto que sufrió la capital virreinal en 1687. Sus restos descansan, precisamente, en la parroquia del Sagrario de esa ciudad, restaurada por su cuenta y orden junto con el palacio arzobispal.

Como virrey del Perú, su autoridad abarcó un territorio gigantesco, veinte veces mayor al de la península ibérica: nominalmente, todo el cono sur americano, con la única excepción del extremo oriental brasileño, ocupado por Portugal en virtud del Tratado de Tordesillas.

De hecho, tras la muerte de Melchor Liñán, de su jurisdicción debieron desgajarse dos nuevos virreinatos, para posibilitar una administración más eficiente: el de Nueva Granada (en 1717, que también incluyó a la actual Panamá); y el del Río de la Plata (en 1776)

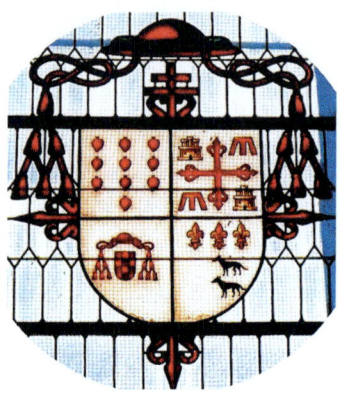

Los blasones de la mitad diestra de su *cuartelado* escudo (izquierda del observador) ilustran, como es usual, los linajes paternos: Liñán (diez *panelas*) y Cisneros (escudo *jaquelado* del cardenal)

En los otros dos *cuarteles*, matrilineales, que son González del Cubillo y García de la Torre, se distingue una cruz de Calatrava, con sendas torres en sus ángulos 1° y 4° (tal vez *símbolos parlantes* por Torre), y lo que podrían ser dos mesas (o tal vez rastrillos) en el 2° y 3°; y dos lobos (que usaron los Cubillo oriundos de Santillana) *superados en jefe* de tres *flores de lis* (o bien, dos leones, o dos lebreles, y tres haces de mies, en otras variantes del escudo)

Los padres y abuelos de don Melchor de Liñán eran, por ambas líneas, hidalgos y naturales de *Tordelaguna,* como aún se llamaba la villa en el Siglo XVII.

También lo fueron varios de sus parientes más jóvenes, entre ellos don Melchor de Valenzuela y Liñán, sobrino del arzobispo y segundo conde de la Puebla de los Valles, cuyo escudo ya reseñamos (#4)

Finalizamos este breve recorrido cronológico por la iglesia de Santa María Magdalena dirigiendo nuestra atención a la colorida composición que, en otro de sus ventanales, despliega los escudos *acolados* sobre profusos *lambrequines* de Juan José Rumeu de Armas, caballero de la Orden de Malta, y de su esposa, María Cruzat Suárez de Argudín, cuarta marquesa de la casa de Argudín.

El águila *de sable* y las tres estacas encadenadas *de oro* son blasones de los Rumeu, antiguo linaje que se remonta hasta el Siglo XII en Aragón. Son armas de los Cruzat las cuatro bandas de *sable* en campo *de oro*, cargadas cada una con *cotiza de plata* sembrada de *armiños de sable* y *bordura de azur* con tres cruces de Jerusalén *de oro*.

La leyenda bajo los escudos recuerda la participación del matrimonio en la restauración de las vidrieras, realizadas en 1945, que habían sido muy dañadas, al igual que todo el templo, durante la Guerra Civil. Su recuperación constituyó un hito muy relevante y relativamente reciente, aunque no el último, en la secular historia de La Magdalena.

EL AÑO DEL SEÑOR DE MCMXLV ME MANDARON HACER : JUAN JOSE RUMEU DE ARMAS Y MARIA CRUZAT SUAREZ DE ARGUDIN SU MUJER

5
LINAJES DESTACADOS DE TORRELAGUNA
ENTRE LOS SIGLOS XV Y XVII

En los diversos escudos de armas que conserva nuestra *"Antigua y Noble Villa"*, hemos podidos identificar numerosos *blasones* pertenecientes a familias nobles e influyentes de aquella pujante *Tordelaguna* que abandonaba la edad media para transitar el brillante Siglo de Oro español.

Reseñamos en esta sección una veintena larga de linajes que, a lo largo de los siglos XV, XVI y XVII, al entrecruzarse una y otra vez en sus intrincadas alianzas matrimoniales, nos han legado su recuerdo en el valioso patrimonio heráldico torrelagunense, esos hermosos escudos de armas que hasta el día de hoy podemos admirar y disfrutar cuando paseamos por nuestra villa.

1. *Agüero*
2. *Bernaldo de Quirós*
3. *Berzosa*
4. *Bravo de Aguayo*
5. *Cisneros*
6. *Coronel*
7. *Figueroa*
8. *García de Salcedo*
9. *García de la Torre*
10. *González Cubillo*
11. *González de Cuellar*
12. *Gasca*
13. *Liñán*
14. *López de Segovia*
15. *Mendoza*
16. *Pimentel de Prado*
17. *Salcedo y Bermúdez*
18. *Salazar*
19. *Salinas*
20. *Sotomayor*
21. *Tapia*
22. *Valenzuela*
23. *Vargas*
24. *Vélez de Guevara*
25. *Zúñiga*

6

ARZOBISPOS DE TOLEDO DURANTE LA CONSTRUCCIÓN DE LA MAGDALENA

La erección del magnífico templo parroquial de Torrelaguna, seguramente sobre otro anterior mucho más pequeño y de origen románico, se prolongó durante más de dos siglos y medio, desde finales del XIV hasta mediados del XVII.

No es casual que el inicio de todo ello coincidiera con la emancipación de la villa respecto de la antigua Comunidad de Villa y Tierra de Uceda, y su inmediata incorporación al señorío arzobispal de Toledo, otorgada por Juan I de Castilla en 1390, junto con otros importantes privilegios: mercado franco, exenciones fiscales y protección de sus intereses agrícolas frente a los de la poderosa Mesta ganadera.

Las concesiones del rey responden a la solicitud que poco antes realizara el arzobispo de Toledo, don Pedro Tenorio, con total beneplácito de la floreciente nobleza local *"tordelagunense"*, que se comprometió ante el monarca a completar el amurallamiento de la villa y acopiar armas para su eventual defensa, en nombre de la casa Trastámara y de Toledo.

Los doscientos cincuenta años que transcurren hasta finalizar la construcción de la nueva iglesia y sus capillas funerarias coinciden, claro está, con un período de bonanza económica y gran desarrollo en la villa, el más floreciente en la historia de Torrelaguna.

Los sucesivos arzobispos que ocuparon la sede toledana participaron directa o indirectamente de este proceso, cada uno en mayor o menor medida, puesto que la erección y ampliación de la iglesia requirió siempre, como mínimo, de su ineludible beneplácito.

Detallamos, a continuación, los titulares de la mitra toledana y sus respectivos períodos de gobierno eclesiástico, durante aquella "época dorada" de Torrelaguna.

1. *Pedro Tenorio: 1377 – 1399*
2. *Pedro de Luna y Albornoz: 1403 – 1414*
3. *Sancho de Rojas: 1415 – 1422*
4. *Juan Martínez de Contreras: 1423 – 1434*
5. *Juan de Cerezuela: 1434 – 1442*
6. *Gutierre Álvarez de Toledo: 1442 – 1446*
7. *Alfonso Carrillo de Acuña: 1446 – 1482*
8. *Pedro González de Mendoza: 1482 – 1495*
9. *Francisco Jiménez de Cisneros: 1495 – 1517*
10. *Guillermo de Croy: 1517 – 1521*
11. *Alonso de Fonseca y Ulloa: 1523 – 1534*
12. *Juan Pardo de Tavera: 1534 – 1545*
13. *Juan Martínez Silíceo: 1564 – 1557*
14. *Bartolomé de Carranza y Miranda: 1558 – 1576*
15. *Gaspar de Quiroga y Vela: 1577 – 1594*
16. *Alberto de Austria: 1595 – 1598*
17. *García Loaysa y Girón: 1598 – 1599*
18. *Bernardo de Sandoval y Rojas: 1599 – 1618*
19. *Fernando de Austria: 1620 – 1641*

7

UN PASEO HERÁLDICO POR TORRELAGUNA

8
PEQUEÑO GLOSARIO DE HERÁLDICA

Acanto: Adorno o figura que imita a una hoja del acanto, planta de la familia de las acantáceas, perenne, herbácea, con hojas anuales, largas, rizadas y espinosas, muy presente en la cuenca del Mediterráneo.

Acolado: Ornamento distintivo dispuesto por detrás, en aspa y/o o alrededor de un escudo, tales como banderas, cruces, aves, etc. También se utiliza para unir o combinar dos escudos de armas que se colocan uno al lado del otro, generalmente bajo un timbre o corona que los une, simbolizando una alianza entre dos familias o linajes.

Alcazaba: Recinto fortificado ubicado dentro de una población murada, destinada al alojamiento y refugio de una guarnición militar.

Aljama: Institución mediante la cual la población judía de una localidad autogestionaba la recaudación de los diversos impuestos que debía pagar la comunidad, y organizaba con relativa autonomía la vida de los judíos que vivían en el barrio judío o *judería*.

Armiño: Figura convencional, a manera de mota negra y larga, sobre campo de plata, que quiere representar la punta de la cola de un armiño.

Azur: De color azul.

Banda: Pieza que se coloca atravesando diagonalmente un escudo desde su ángulo superior diestro hasta el inferior siniestro.

Se llama *"cotiza"* si está reducida a una tercera parte de su dimensión ordinaria.

Barra: Pieza que se coloca atravesando diagonalmente un escudo desde su ángulo inferior siniestro hasta el superior diestro. Es similar a una *"banda"* girada noventa grados.

Bezante: Figura redonda, llana y maciza similar al *"tortillo"*, pero de metal.

Blasón: Cada una de las figuras, señales o piezas que se ponen en un escudo.

Bordura: Pieza que rodea el ámbito del escudo por su interior, formando un borde alrededor del mismo. Su ancho suele ser de un sexto, o de un décimo, de la anchura total del escudo.

Campo: Superficie interior de un escudo.

Celada: Pieza de la armadura que protege la cabeza. También llamada *"yelmo"* o casco.

Ciencia del blasón (o también *"arte del blasón"*): Otra forma de llamar a la Heráldica.

Cimado: Pieza o *"mueble"* que se coloca sobre otra, tocándola.

Cimera: Figura o adorno que se pone sobre la cima del yelmo o celada; por ejemplo, una cabeza de animal real (perro, león), fantástico (dragón, grifo), o un castillo.

Cortado: Escudo cuya superficie está dividida horizontalmente en dos partes iguales.

Cotiza: Banda disminuida a la tercera parte de su anchura ordinaria.

Cruz de Calatrava: Cruz griega con los brazos terminados en flor de lis. Fue utilizada por las órdenes militares de Calatrava y de Montesa, así como por los Dominicos.

Cruz de Jerusalén: Cruz conformada con una gran cruz griega central y cuatro cruces griegas más pequeñas en los respectivos huecos de sus cuadrantes. También llamada *"Cruz de los Cruzados"*, fue emblema del Reino de Jerusalén.

Cruz de Tau: Cruz con la forma de la letra griega *"Tau"*, utilizada como emblema de los Hermanos Hospitalarios de San Antonio y por la Orden Franciscana.

Cruz griega: Cruz cuyos cuatro brazos tiene la misma longitud y se intersecan en ángulo recto.

Cruz latina: Cruz cuyos brazos tienen diferente longitud y se intersecan en ángulo recto. El segmento más corto, horizontal, representa los brazos de la cruz y equivale aproximadamente a tres cuartos del segmento vertical.

Cruz patada: Cruz cuyos extremos se ensanchan un poco. También llamada *"cruz paté"*. Fue utilizada, entre otros, por las órdenes militares Templaria y Teutónica.

Cruz potenzada: Cruz que tiene pequeños travesaños en sus extremidades. Fue utilizada, entre otros, por la orden militar de Calatrava.

Cuartelado: Escudo cuya superficie está dividida en cuatro sectores, llamados *"cuarteles"*. También se le dice *"cuartelado"*.

Empinante: Dícese del animal heráldico (por ejemplo, un león) que apoya sus patas delanteras en un castillo o en un árbol.

Escaque: Cuadro o casilla que resulta de las divisiones de un escudo de armas, cortado y partido a lo menos dos veces.

Escudo de tipo español: Escudo de forma cuadrilonga con base semicircular o campanel y lados rectos. También llamado *"ibérico"*, fue el tipo de escudo más utilizado en España y Portugal entre los siglos XVI y XVIII.

Escudo de tipo italiano: Escudo cuya forma es conocida *"testa di caballo"* (cabeza de caballo), con punta achaflanada más o menos aguda y esquinas superiores arrolladas cual extremo de pergamino.

Escudo heráldico de armas: Superficie o espacio generalmente en forma de escudo, en que se representan los blasones de un Estado, población, familia, corporación, etcétera.

Escusón: Escudo pequeño que *"carga"* a otro mayor, es decir, que se coloca superpuesto y centrado sobre el mismo. Suele tener la misma forma que el escudo principal y medir 1/3 de su ancho y alto. El ejemplo más conocido en España es el actual del Reino, que lleva por escusón al de la casa Borbón-Anjou, con tres flores de lis *"de oro"* sobre *"azur"*.

Faja: Pieza que corta horizontalmente un escudo de armas (o una de sus divisiones) y ocupa su tercio central.

Fijosdalgo: forma antigua de la palabra *"hidalgo"*, que deriva de *"hijodalgo"*, en referencia a un miembro de la nobleza inferior, por su linaje. La palabra se forma de la contracción de *"hijo de algo"*, donde *"algo"* alude a una heredad o patrimonio (por ejemplo, solar, armas, caballo, etc.)

Flor de lis: Representación estilizada de la flor del lirio, muy utilizada en la heráldica de origen francés.

Grifo: Animal fabuloso, híbrido entre águila (de medio cuerpo hacia arriba) y león (mitad inferior)

Gules: De color rojo.

Heráldica: Arte de explicar y describir los escudos de armas de cada linaje, ciudad o persona; también definida como el *"arte del blasón"*.

Jefe: Tercio superior de un escudo de armas. Representa la cabeza del guerrero y la figura que lo ocupa (cuando existe) se conoce como *"pieza de honor"*.

Lambrequín: Adorno, generalmente en forma de hojas de acanto, que baja de lo alto del casco o yelmo, y rodea el escudo.

Linaje: Ascendencia de una familia, especialmente noble, a menudo caracterizada por un antepasado semilegendario o, incluso mítico.

Lunel: Figura en forma de flor, compuesta de cuatro medias lunas unidas por sus puntas.

Partido: Escudo cuya superficie está dividida verticalmente en dos partes iguales.

Mazonado: Representación de la obra de sillería en las figuras arquitectónicas.

Medio cortado y partido: Escudo *"partido"* verticalmente, cuyo lado diestro se *"corta"* horizontalmente en dos partes iguales.

Partido y medio cortado: Escudo *"partido"* verticalmente, cuyo lado siniestro se *"corta"* horizontalmente en dos partes iguales.

Oro: De color amarillo, o dorado.

Palo: Se dice que una o más figuras de un escudo de armas se hallan *"puestas en palo"* cuando se sitúan o alinean en posición vertical.

Panela: Figura en forma de hoja de álamo.

Partido: Escudo cuya superficie está dividida verticalmente en dos partes iguales.

Pasante: Animal representado en un escudo de armas en actitud de andar o pasar.

Pasmada: Águila representada con las alas plegadas, en estado de quietud o reposo.

Piedra armera: Escudo de armas tallado en piedra.

Plata: De color blanco, o plateado.

Punta: Tercio inferior de la superficie de un escudo de armas. También llamada *"barba"* o *"campaña"*.

Rampante: Dicho de un león o de algún otro animal representado con la mano abierta y las garras tendidas en ademán de agarrar o asir.

Roel: Pieza o figura redonda de los escudos de armas. También llamado "tortillo".

Sable: De color negro. También llamado *"atezado"* y *"sabba"*.

Sinople: De color verde.

Sotuer: Agrupación, figura, representación o signo en forma de X.

Surmontado(a): Figura puesta por encima de otra, o del escudo, pero sin tocarla.

Timbre: Insignia que se coloca encima del escudo de armas.

Tortillo: Roel.

Tronchado: Escudo cuya superficie se divide por una línea diagonal que va desde el ángulo superior izquierdo (*"diestro del jefe"*) hasta el ángulo inferior derecho (*"siniestro de la punta"*) También llamado *"tajado"*.

Vero: Figura convencional formada por una sucesión alternada de campanas y *"botes"* (campanas invertidas), dispuesta horizontalmente. Busca representar un forro de marta cebellina o ardilla rusa de pelaje gris plateado. Se conoce como *"verado"* al campo o cuartel de un escudo decorado con veros. En algunas ocasiones, los verados son sustituidos por ondas acuáticas (o viceversa) en distintas representaciones de un mismo escudo de armas.

Yelmo: Pieza de la armadura que protege a la cabeza y el rostro. También llamado casco o *"celada"*.

9
PARA SABER MÁS...

Aljama/judería de Torrelaguna (Madrid): Convivencia, marginación, expulsión e Inquisición. Rocío Rivas Martínez. ArtyHum Revista de Artes y Humanidades, ISSN 2341-4898, N.º 49, Vigo, 2018. Págs. 92-120.

Crónicas de Torrelaguna (antigua Tordelaguna) Blog a cargo de J. Eduardo V. G., disponible en *https://gelaguna.blogspot.com/*

Descubre Torrelaguna. Portal web que incluye una sección específica sobre heráldica torrelagunense, disponible en *https://www.descubretorrelaguna.es/heraldica/*

El Condado de la Puebla de los Valles. Adolfo Barredo de Valenzuela. Revista Hidalguía. N.º 154-155, 1979. Págs. 341-351.

Documentos sobre Santuy o San Audito, priorato medieval dependiente de del Colegio de San Ildefonso. Julio Fernández Cid. Actas del II Encuentro de historiadores del Valle del Henares. Coord. Institución de Estudios Complutenses. ISBN 84-87743-00-5. 1990. Págs. 139-146.

El retrato del obispo Francisco de Gamarra pintado por Andrés López. Rosalía Holgueras Arranz. Arch. esp. arte, LXXXVIII, 351, julio-septiembre 2015. Págs. 304-309. ISSN: 0004-0428, eISSN: 1988-8511, doi: 10.3989/aearte.2015.19

Elementos Funerarios en la Iglesia Santa María Magdalena de Torrelaguna, Madrid (SS. XV-XVII) Rocío Rivas Martínez. ArtyHum

Revista de Artes y Humanidades, ISSN 2341-4898, N.º 57, Vigo, 2019. Págs. 126-164.

Escudos y Blasones de la provincia de Guadalajara. Antonio Herrera Casado. Aache, 2023.

Guía Cultura del Torrelaguna. Mariano José Cid Sánchez. Ayuntamiento de Torrelaguna, 1997.

Heráldica Hispana. Colección de escudos heráldicos españoles, hispanoamericanos e hispanofilipinos. https://heraldicahispana.com/soloescudos

La Fitoheráldica: Las figuras vegetales en la heráldica española. Luis Valero de Bernabé, Martín Eugenio. Fabiola de publicaciones hispalenses. Sevilla, 2004.

La Heráldica de Torrelaguna. Torrelaguna, Noble Villa blasonada. Antonio Sevilla Gómez. Madrid, 2022.

La Heráldica Episcopal en la Archidiócesis de Oviedo y sus Sufragáneas: Astorga, León y Santander (Siglos XII-XXI) Juan José Sánchez Badiola. Argutorio 48. II semestre 2022. Págs. 32-47.

La Heráldica Episcopal en España. Juan José Sánchez Badiola. Hidalguía. Año LXXI 2024. N.º 395. Págs. 151-194.

Letters from the New World. Selected Correspondence of don Diego de Vargas to His Family, 1675-1706. Edited by John L. Kessell, Rick Hendricks, Meredith D. Dodge. University of New Mexico Press, 1992.

Los Guevara (Siglo VIII – Siglo XVI) Morir antes que ser deshonrado: Proceso de consolidación de un linaje en su paso de la Edad Media a la Edad Moderna. Ana Minguito Palomares. Hidalguía. Año LXVIII 2021. Núm. 386. Págs. 13-40.

Manual de Heráldica. La Ciencia del Blasón. Josu Imanol Delgado y Ugarte, Fernando Martínez Larrañaga. Conocimiento y Saber. 2019.

Noticias artísticas de Torrelaguna. Margarita Estella. Boletín del Seminario de Estudios de Arte y Arqueología. BSAA, ISSN 0210-9573, Tomo 51, 1985, Págs. 305-318.

Pedro López de Cazalla, secretario de Francisco Pizarro. Luís José Garrain Villa. CHDE Trujillo. Asociación Cultural Coloquios Históricos de Extremadura. Posted on 8 febrero, 2017.

Posibles Vestigios en España de la Heráldica Artúrica. Faustino Menéndez Pidal de Navascués. Estudios Genealógicos, Heráldicos y Nobiliarios en honor de Vicente de Cadenas y Vicent, Madrid, 1978, pp. 9 22. Reeditado en *Leones y castillos. Emblemas heráldicos en España*, Madrid, 1999. Págs. 301-316.

Potivs Mori Quam Foedari. Cristóbal Belda Navarro. IMAFRONTE N.º 10 – 1994 (1996) Págs. 21-40.

Todo escudos. Colección de escudos heráldicos españoles, hispanoamericanos e hispanofilipinos. Portal web disponible en *https://heraldicahispana.com/soloescudos*

Torrelaguna. Arquitectura y Desarrollo Urbano. Comunidad de Madrid. Zona Norte. Colegio Oficial de Arquitectos y Dirección General de Arquitectura de la Comunidad, 1993. Págs. 983-1050.

Torrelaguna. Natalio Moraleda: Biblioteca de la revista ilustrada La Provincia. Madrid, 1890. Edición facsímil de Editorial Maxtor.

Viage de España. Tomo Décimo, Carta III. Antonio Ponz. Segunda edición corregida y aumentada. Viuda de Ibarra, Hijos y Compañía. Madrid, 1787.

10
CRÉDITOS

i. El texto, las fotografías y su procesamiento (incluyendo croppings) son del autor.

ii. El escudo actual de Torrelaguna (pág. 36) fue tomado de la página web del Ayuntamiento de Torrelaguna: *https://torrelaguna.es/escudo_torrelaguna/*

iii. El retrato de don Esteban de Gamarra y Contreras (pág. 44) es obra del grabador flamenco Cornelis Meyssens (1640-1673), elaborado 1650 y 1670 utilizando la técnica del aguafuerte. Fue publicado por su padre, el también artista e impresor Joannes Meyssens; el original se conserva en el Rijksmuseum de Ámsterdam. La imagen, de dominio público, ha sido tomada de:

https://upload.wikimedia.org/wikipedia/commons/8/85/Esteban-de-gamarra-y-contreras.jpg

iv. El retrato de don Diego de Vargas (pág. 45) es un óleo sobre tela de autor desconocido; el original se conserva actualmente en la capilla de la Cuadra de San Isidro, perteneciente a la Real Muy Ilustre y Primitiva Congregación de San Isidro de Naturales (Madrid) La imagen, de dominio público, ha sido tomada de:

https://upload.wikimedia.org/wikipedia/commons/c/cd/Ddevargas.jpeg

v. La adaptación del grabado anónimo de 1629 (pág. 50) fue realizada a partir de la imagen disponible en la página web del Ayuntamiento de Torrelaguna:

https://torrelaguna.es/historia_torrelaguna/

vi. El retrato del cardenal Pedro González de Mendoza (pág. 51) es una copia existente en el Museo del Prado, realizada por Matías Moreno González (1840 – 1906) de un retrato original que se conserva en la sala capitular de la Catedral de Toledo, obra de Juan de Borgoña (1494 - 1536) La imagen, de dominio público, ha sido tomada de:

https://es.wikipedia.org/wiki/Pedro_Gonz%C3%A1lez_de_Mendoza_%28cardenal%29#/media/Archivo:El_cardenal_Pedro_Gonz%C3%A1lez_de_Mendoza_(Museo_del_Prado).jpg

vii. El retrato del cardenal Francisco Jiménez de Cisneros (pág. 52) es obra del pintor madrileño Eugenio Cajés de la Fuente (c. 1574 – 1634), realizado al óleo sobre lienzo, que se conserva actualmente en el paraninfo de San Bernardo de la Universidad Complutense de Madrid. La imagen, de dominio público, ha sido tomada de:

https://es.wikipedia.org/wiki/Francisco_Jim%C3%A9nez_de_Cisneros#/media/Archivo:Eugenio_Caj%C3%A9s_-_Francisco_Jim%C3%A9nez_de_Cisneros.jpg

viii. El retrato del arzobispo Alonso III Fonseca de Ulloa (pág. 52) fue realizado en 1817 por el pintor y grabador gallego Plácido Fernández Arosa (1760 – 1838), y se conserva actualmente en el Rectorado del Colegio de San Jerónimo de la Universidad de Santiago de Compostela. La imagen, de dominio público, ha sido tomada de:

https://es.wikipedia.org/wiki/Alonso_III_de_Fonseca#/media/Archivo:Arzobispo_Alonso_III_de_Fonseca_(2).jpg

ix. El retrato de don Melchor de Liñán y Cisneros (pág. 53) es una reproducción del grabado realizado por el artista peruano Evaristo San Cristóval (1848 – 1900), que apareció en la obra *"Galería de Retratos de los Gobernadores y Virreyes del Perú (1532 – 1824)"*, publicada por Domingo de Vivero en Lima, en 1891. La imagen, de dominio público, ha sido tomada de: *https://commons.wikimedia.org/wiki/File:Melchor_de_linan_y_cisneros-esc.jpg*

x. El escudo de don Melchor de Liñán y Cisneros (pág. 54) ha sido adaptado de un grabado anónimo, reproducido en la obra *"Títulos Nobiliarios Hispanoamericanos"* de Julio de Atienza, publicado por M. Aguilar en el volumen 195 de la colección Crisol, Madrid, 1947.

xi. El plano de Torrelaguna utilizado para la elaboración del itinerario de un "paseo heráldico" (pág. 58) fue tomado de la página web del Ayuntamiento de Torrelaguna: *https://torrelaguna.es/escudo_torrelaguna/*

HÍZOSE

este libro de heráldica aplicada
a la villa de Torrelaguna, junto al Jarama,
en los estudios de la editorial AACHE de Guadalajara
y acabóse de imprimir el 26 de diciembre de 2025,
dedicado a la memoria de San Esteban, protomártir.